教育原理

監修
公益財団法人
児童育成協会

編集
矢藤 誠慈郎
北野 幸子

新 基本保育シリーズ ②

中央法規

新・基本保育シリーズ
刊行にあたって

　認可保育所を利用したくても利用できない、いわゆる「保育所待機児童」は、依然として社会問題になっています。国は、その解消のために「子育て安心プラン」のなかで、保育の受け皿の拡大について大きく謳っています。まず、2020年度末までに全国の待機児童を解消するため、東京都ほか意欲的な自治体への支援として、2018年度から2019年度末までの2年間で必要な受け皿約22万人分の予算を確保するとしています。さらに、女性就業率80％に対応できる約32万人分の受け皿整備を、2020年度末までに行うこととしています。

　子育て安心プランのなかの「保育人材確保」については、保育補助者を育成し、保育士の業務負担を軽減するための主な取り組みとして、次の内容を掲げています。

・処遇改善を踏まえたキャリアアップの仕組みの構築
・保育補助者から保育士になるための雇上げ支援の拡充
・保育士の子どもの預かり支援の推進
・保育士の業務負担軽減のための支援

　また、保育士には、社会的養護、児童虐待を受けた子どもや障害のある子どもなどへの支援、保護者対応や地域の子育て支援など、ますます多様な役割が求められており、保育士の資質および専門性の向上は喫緊の課題となっています。

　このような状況のなか、2017（平成29）年3月の保育所保育指針、幼稚園教育要領、幼保連携型認定こども園教育・保育要領の改定・改訂、2018（平成30）年4月の新たな保育士養成課程の制定を受け、これまでの『基本保育シリーズ』を全面的に刷新し、『新・基本保育シリーズ』として刊行することになりました。

　本シリーズは、2018（平成30）年4月に新たに制定された保育士養成課程の教科目の教授内容等に準拠し、保育士や幼稚園教諭など保育者に必要な基礎知識の習得を基本に、学生が理解しやすく、自ら考えることにも重点をおいたテキストです。さらに、養成校での講義を想定した目次構成になっており、使いやすさにも配慮しました。

　本シリーズが、保育者養成の現場で、保育者をめざす学生に広く活用されることをこころから願っております。

公益財団法人　児童育成協会

はじめに

　本書は、2018（平成30）年に改正された保育士養成課程（施行は2019（平成31）年4月）に基づいて作成されている。保育士養成課程は、大学等の指定保育士養成施設で保育士を養成するためのカリキュラムの基準となるもので、厚生労働大臣から教科目と教授内容、授業形態や修得単位数等が明示されている。保育士養成は、都道府県が所管する指定保育士養成施設で行われるが、文部科学省が定めた大学設置基準、短期大学設置基準、専修学校設置基準にも配慮したカリキュラムへと整備されるとともに、一部が教育職員免許法施行規則に示された教職課程（幼稚園教諭）の科目と相共通に開設することが可能なように配慮されており、現在、多くの指定保育士養成施設では、保育士と幼稚園教諭の資格免許の同時取得が可能となっている。

　保育士養成課程における「教育原理」は、厚生労働省が示している「教科目の教授内容」によると、以下を「目標」としている。これらは前回の改正（2010（平成22）年）からほとんど変わっていない。1の「児童福祉等」が「子ども家庭福祉」に変わり、1の内容に「乳幼児期の教育の特性」が加わったことが主な修正点である。

1. 教育の意義、目的および子ども家庭福祉等との関わりについて理解する。
2. 教育の思想と歴史的変遷について学び、教育に関する基礎的な理論について理解する。
3. 教育の制度について理解する。
4. 教育実践のさまざまな取り組みについて理解する。
5. 生涯学習社会における教育の現状と課題について理解する。

　これらの目標からわかる通り、保育士養成課程における「教育原理」は、教育の原理を追究するというより、保育の重要な要素の1つである教育について、就学前に限定せず、人の生涯にわたる発達を支援する営みとして、その概要を広く理解するための概論という性質を帯びている。

　一方、教職課程の「教職に関する科目」のうち「教育の基礎理論に関する科目」において各科目に含めることが必要な事項とされているものは、①教育の理念ならびに教育に関する歴史および思想、②教職の意義および教員の役割・職務内容（チーム学校運営への対応を含む。）、③教育に関する社会的、制度的または経営的事項

（学校と地域との連携及び学校安全への対応を含む。）、④幼児、児童および生徒の心身の発達および学習の過程、⑤特別の支援を必要とする幼児、児童および生徒に対する理解、⑥教育課程の意義および編成の方法（カリキュラム・マネジメントを含む。）とされており、本書ではこのうち、①と③をふまえて２単位とすることを想定して編まれている。

　保育において「教育」を考えるとき、基本は、「保育所保育指針」にあるように、保育を「養護」（生命の保持・情緒の安定）と「教育」（発達の支援）とを一体的に行うものとして理解する必要があるということである。しかし一方で、教育学においては「教育」が、人が生まれてから、育ち、成人して以降にも関係するものとして広くとらえられており、そのことが生涯にわたる学びを見通した教育制度として表現されている。保育士が、０歳から就学前までの子ども、あるいは18歳までの児童を保育する資格であるとしても、保育士がかかわる期間以降の子どもの育ちの可能性をできるだけ高めるために、より広い「教育」の概念を知り、その意義を考え、人間の生涯にわたる発達を見通した質の高い教育・保育の実践について検討する必要がある。

　本書がそうした学びに役立ち、保育における「教育」が保育界のみに通用する制度的に閉じた言葉ではなく、より普遍性の高い概念として保育者の卵に理解されるよう願ってやまない。

2018年12月

矢藤誠慈郎・北野幸子

本書の特徴

- 3Stepによる内容構成で、基礎から学べる。
- 国が定める養成課程に準拠した学習内容。
- 各講は見開きで、見やすく、わかりやすい構成。

Step1

基本的な学習内容

保育者として必ず押さえておきたい
基本的な事項や特に重要な内容を学ぶ

Step1

1. 教育を規定する法律

日本の教育を規定する法律は、その根底に日本国憲法がある。それを基盤として特に「教育」の目的や目標、理念、法規定のあり方について定めたものが教育基本法である。また日本国憲法と教育基本法に則りそれをふまえて、日本の教育の目的を達成し具現化するために学校の定義やその機能等を定めた学校教育法がある。さらにこれらの法律、特に学校教育法に基づいて定められている政令として学校教育法施行令がある。そして、さらに学校教育法施行令の下位法令として定められた文部科学省所管の省令として学校教育法施行規則がある。

学校教育法に基づく規定としては、学校教育法施行規則に定めるもののほかに、文部科学大臣が別途告示する幼稚園教育要領、小学校学習指導要領等がある。「法律」「政令」「省令」「告示」の違いについて整理し理解することによって、教育がどのように規定され、形づくられているのかその全体像を把握することが可能となる。

以下、まず、日本国憲法における教育とかかわるところと、教育基本法と学校教育法の法律の概要を紹介する。次に、政令である学校教育法施行令と省令である学校教育法施行規則について概観する。さらには告示である各要領について紹介する。

2. 日本国憲法

日本国憲法は、国の基礎根幹をなす法である。その構成は、上諭と前文があり、11章103条からなっている。その内容は、大きく「人権規定」「統治規定」「憲法保障」にわけられる。「人権規定」とは、人々の権利や自由を保障するために大切なことの基本を定めたものである。「統治規定」とは、国と人々がどういった権限や責任を負うかを示したものである。「憲法保障」とは、憲法は最高法規であること、それゆえにそれを尊重することを示したものである。

教育の自由や権利と関連して、以下の条文がある。

日本国憲法
第19条 思想及び良心の自由は、これを侵してはならない。
第23条 学問の自由は、これを保障する。
第26条 すべて国民は、法律の定めるところにより、その能力に応じて、ひとしく教育を受ける権利を有する。

2 すべて国民は、法律の定めるところにより、その保護する子女に普通教育を受けさせる義務を負ふ。義務教育は、これを無償とする。
第89条 公金その他の公の財産は、宗教上の組織若しくは団体の使用、便益若しくは維持のため、又は公の支配に属しない慈善、教育若しくは博愛の事業に対し、これを支出し、又はその利用に供してはならない。

3. 教育基本法

教育基本法は、日本国憲法が謳う理念について、特に「教育」の部分に特化して、その目的および理念を示し、行政の役割や法整備のあり方について規定している（その章立て等内容については次を参照）。

○教育基本法の概要

第1章 教育の目的及び理念
「教育の目的」、「教育の目標」、「生涯学習の理念」、「教育の機会均等」
第2章 教育の実施に関する基本
「義務教育」、「学校教育」、「大学」、「私立学校」、「教員」、「家庭教育」、「幼児期の教育」、「社会教育」、「学校、家庭及び地域住民等の相互の連携協力」、「政治教育」、「宗教教育」
第3章 教育行政
「教育行政」、「教育振興基本計画」
第4章 法令の制定

その前文では、「我々日本国民は、たゆまぬ努力によって築いてきた民主的で文化的な国家を更に発展させるとともに、世界の平和と人類の福祉の向上に貢献することを願うものである」と記されている。つまり、「民主的で文化的な国家」を発展させ、「世界の平和と人類の福祉の向上」に貢献することが国民の理想として掲げられている。そしてその具現化のため、教育の目的や目標については、「人格の形成」「公共の精神」「伝統と文化の尊厳」などが規定されている。

教育に関する基本的な理念としては、国民が一生にわたり学びつづけ自己実現を図ることができるような「生涯学習社会」の実現をめざすことや、「教育の機会均等」が示されている。教育の目標については、具体的には次に示すとおりである。

（教育の目標）
第2条 教育は、その目的を実現するため、学問の自由を尊重しつつ、次に掲げる目標を達成するよう行われるものとする。
一 幅広い知識と教養を身に付け、真理を求める態度を養い、豊かな情操と道徳心を培う

Step2

1. 安心・安全を保障する学校経営

公教育機関である学校では、学びの場が子どもにとって居心地のよい場所であること、安全・安心できる場であること、学びが保障される場であることが大切である。そのために、学校は方針をしっかりもち、教育資源を得て、活用し、組織的にかつ計画的に教育を実施できるようにしなければならない。学校が組織としてこれを行うことが学校経営である。学校経営にあたっては、「ヒト」「モノ」「カネ」「情報」などの教育資源を、組織として計画的かつ適切に活用し、教育、人事、予算、施設設備等とかかわる管理や運営を行う。組織、外部関係に関するものもある。学校の管理と運営に関する計画には、長中期の教育ビジョン、各年度の教育、人事、会計等など経営計画といった計画が含まれる。校長のリーダーシップや、主任そして教員の連携により学校の管理と運営がなされる。そしてその評価、さらなる改善といういわゆる PDCA サイクル（計画（Plan）→実施（Do）→評価（Check）→改善（Action））により学校の経営改善が図られている。

校長の責務は重大であり、教育の実施運営、教職員の管理、児童生徒にかかわることをはじめ、学校の組織運営、外部とのかかわりなどその職務範囲も広い。

2. 学校評価について

学校教育法では、学校評価の実施等が定められている。これにともない、学校教育法施行規則において、自己評価・学校関係者評価の実施・公表、評価結果の設置

Step3

1. 学校選択制

学校教育法において、どの学校に就学するかは、市町村教育委員会が指定することとなっている。また就学先を指定するにあたり、市町村教育委員会があらかじめ設定した区域を「通学区域」といい、これは、地域の実態をふまえ、各市町村教育委員会の判断に基づいて設定されている。なお、就学先を指定するにあたり、市町村教育委員会は保護者の意見を聴取し、それをふまえて指定する場合がある。これを学校選択制という。学校選択制は、主に**図表11-2**の形態に分類できる。

学校選択制によって、地域の保護者の意向に対する配慮が可能であり、選択機会も拡大し、いじめ問題等への対応、部活動等の学校独自の活動の発展等が可能となっている。一方で、学校の序列化や学校間格差等が懸念されている。

2. 学校運営協議会制度とコミュニティ・スクール

「地域とともにある学校づくり」をめざす学校が、コミュニティ・スクールとして指定されている。コミュニティ・スクールのイメージは**図表11-3**を参照されたい。コミュニティ・スクールには、学校運営協議会が設置され、地域との連携のもと学校運営の改善や向上が企画、実施される。

学校運営協議会とは、2004（平成16）年に改正された「地方教育行政の組織及び運営に関する法律」に基づいて設置される組織であり、その委員は、保護者や地域から教育委員会が任命する。学校が作成する基本方針等は、委員の承認を得なければならず、委員は学校運営に対し意見することができる。委員はまた、教職員の採用などについては任命権をもつ教育委員会へ意見することができる。

2017（平成29）年、地方教育行政の組織及び運営に関する法律の一部改正により、教育委員会に対する学校運営協議会の設置が、努力義務化された。ただし、相互に密接な連携を図る必要がある場合として文部科学省令で定める場合は、2以上の学校について1の学校運営協議会をおくこともできる。また、学校運営への支援等が、協議事項に位置付けられ、さらには、委員に地域学校協働活動推進員を加えるなどの規定の見直しがなされた。

2018（平成30）年4月1日現在で、コミュニティ・スクール指定校数は5432校（46都道府県内の532市区町村18道府県で導入）であり、その内訳は幼稚園147園、小学校3265校、中学校1492校、義務教育学校39校、中等教育学校1校、高等学校382校、特別支援学校106校となっている。

コミュニティ・スクールにおいては、地域との連携が深まることにより、学校評価の効果、生徒指導や学力等の問題解決にも有効であるとされている。一方で、人材不足や偏りも懸念されている。

図表11-3 コミュニティ・スクールのイメージ

資料 文部科学省初等中等教育局参事官付「コミュニティ・スクール〜3分で一緒分かりやすく作ります、お願いします！」（平成27年7月）をもとに作成。

図表11-1 学校の教育目標等と重点的に取り組むことが必要な目標や計画、評価項目等の設定の関係図

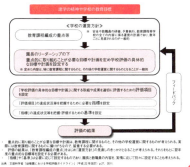

出典 文部科学省「幼稚園における学校評価ガイドライン」（平成23年改訂）p.27, 2011.

校運営について目標を設定し、その達成状況や取り組みを評価することにより改善を図ること、②自己評価および保護者など学校関係者等による評価の実施とその結果の公表・説明により、説明責任を果たし、保護者等の理解と参画を得て、学校・家庭・地域の連携協力による学校づくりを進めること、③各学校の設置者等が、学校評価の結果に応じて、学校に対する支援や条件整備等の改善措置を講ずることにより、一定水準の教育の質を保証し、その向上を図ることの3つがあげられている。

学校評価は評価自体が目的ではなく、その学校運営の改善による教育水準の向上をめざすものであり、地域・家庭・学校の連携による教育の発展がめざされている。

幼稚園については、「幼稚園における学校評価ガイドライン」が2008（平成20）年3月に策定された。これは、2010（平成22）年7月に改訂された。そしてさらに2011（平成23）年には、第三者評価にかかわる内容として、その進め方や評価項目、観点などが加えられ、その他の内容についても、充実が図られた。

Step3

発展的な学習内容
近年の動向、関連領域の知識など、発展的な内容を学ぶ

Step2

基本を深めた学習内容
Step1をふまえ、より詳しい内容、多様化する保育者の役割、児童福祉や教育との関連などを学ぶ

保育士養成課程──本書の目次
対応表

　指定保育士養成施設の修業教科目については国で定められており、養成課程を構成する教科目については、通知「指定保育士養成施設の指定及び運営の基準について」(平成15年雇児発第1209001号)において、その教授内容が示されている。

　本書は保育士養成課程における「教科目の教授内容」に準拠しつつ、授業で使いやすいよう全15講に目次を再構成している。

教育原理「教科目の教授内容」	本書の目次
1. 教育の意義、目的及び子ども家庭福祉等との関連性	
(1) 教育の意義	第1講　教育の意義
(2) 教育の目的	第2講　教育の目的
(3) 乳幼児期の教育の特性	第3講　乳幼児期の教育の特性
(4) 教育と子ども家庭福祉の関連性	第4講　教育と子ども家庭福祉の関連性
(5) 人間形成と家庭・地域・社会等との関連性	第5講　人間形成と家庭・地域社会
2. 教育の思想と歴史的変遷	
(1) 諸外国の教育の思想と歴史	第6講　諸外国の教育思想
	第7講　諸外国の教育の歴史
(2) 日本の教育の思想と歴史	第8講　日本の教育思想・歴史
(3) 子ども観と教育観の変遷	第9講　子ども観と教育観
3. 教育の制度	
(1) 教育制度の基礎	第10講　教育制度の基本
(2) 教育法規・教育行政の基礎	第11講　教育の法律と行政
(3) 諸外国の教育制度	第12講　諸外国の教育制度
4. 教育の実践	
(1) 教育実践の基礎理論（内容・方法・計画と評価）	第13講　教育実践の基礎
(2) 教育実践の多様な取り組み	第14講　さまざまな教育実践
5. 生涯学習社会における教育の現状と課題	
(1) 生涯学習社会と教育	第15講　生涯学習社会における教育の現状と課題
(2) 現代の教育課題	

CONTENTS

新・基本保育シリーズ　刊行にあたって
はじめに
本書の特徴
保育士養成課程——本書の目次　対応表

第1講　教育の意義

Step1　1. 保育者になるための教育と学び　2
　　　　　2. 教育とは何か　4
　　　　　3. 人間にとっての教育の必要性　5

Step2　1. 人間形成と教育　8
　　　　　2. 成長・発達の適時性　9

Step3　1. 学び方を学ぶ　10
　　　　　2. 幼稚園と保育所における教育・保育　10

第2講　教育の目的

Step1　1. 教育目的の設定　14
　　　　　2. 教育理念と教育目的・教育目標　16

Step2　1. 保育現場の教育目的と目標　18
　　　　　2. 教育目的の変遷　20

Step3　1. 意図をもった人間形成　22
　　　　　2. 小学校から大学までの教育目的　23

第3講　乳幼児期の教育の特性

Step1　1. 乳幼児期の発達の特徴　26
　　　　　2. 幼児教育の基本　26

Step2　1. 幼児教育で育む「資質・能力」　30
　　　　　2. 子どもの育ちをとらえる　30
　　　　　3. 幼児期の終わりまでに育ってほしい姿　32

Step3　1. 保育者との安定した信頼関係を育てる　34
　　　　　2. 生涯の学びを支える「非認知的な能力」を育てる　35

| COLUMN | 幼児期の育ちを小学校につなげる ... 36 |

第4講　教育と子ども家庭福祉の関連性

Step1　1. 児童福祉法と保育士 ... 38
　　　　　2. 児童福祉から子ども家庭福祉へ ... 40

Step2　1. 新たな子ども・子育て支援 ... 42
　　　　　2. 保育所・幼稚園・小学校の連携や接続 ... 44

Step3　1. 少子化対策と教育の広がり ... 46
　　　　　2. 育ちの連続性 ... 46

第5講　人間形成と家庭・地域社会

Step1　1. 教育基本法や保育所保育指針と家庭、地域社会 ... 50
　　　　　2. 地域のなかで行われる保育所保育 ... 51

Step2　1. 地域社会の変化と保育所 ... 54
　　　　　2. 教育資源としての家庭や地域 ... 56

Step3　1. 地域のなかで育つ子ども──現在行われているさまざまな取り組み ... 58
　　　　　2. 子どもが自ら育つ力を発揮できる環境づくり ... 59

第6講　諸外国の教育思想

Step1　1. 世界ではじめての絵本──『世界図絵』の新しさ ... 62
　　　　　2. 近代と教育──近代教育の父、コメニウスの先駆性 ... 63
　　　　　3. ルソーと「子どもの発見」 ... 64

Step2　1. フレーベルと幼稚園の誕生 ... 66
　　　　　2. 恩物による教育 ... 67
　　　　　3. フレーベルの独自性 ... 69

Step3　ペスタロッチーの教育思想 ... 70

第7講　諸外国の教育の歴史

Step 1　1. 諸外国における公教育の発展 ……………………………………………… 74
　　　　　2. 公教育の発展──フランスの場合 ………………………………………… 75

Step 2　1. 公教育の発展──ドイツの場合 …………………………………………… 78
　　　　　2. 公教育の発展──イギリスの場合 ………………………………………… 80

Step 3　諸外国における幼児教育の発展 ……………………………………………… 82

COLUMN　フランスの教育改革者──コンドルセ …………………………………… 84

第8講　日本の教育思想・歴史

Step 1　1. 江戸時代中期ごろまでの教育 ……………………………………………… 86
　　　　　2. 江戸時代後期の情勢と教育 ………………………………………………… 86
　　　　　3. 明治期の教育 ………………………………………………………………… 88

Step 2　1. 日本における幼稚園教育のはじまり ……………………………………… 90
　　　　　2. 倉橋惣三の教育思想 ………………………………………………………… 90
　　　　　3. 城戸幡太郎の教育思想 ……………………………………………………… 92

Step 3　戦後の社会の変化と幼児教育 ………………………………………………… 94

第9講　子ども観と教育観

Step 1　1. 日本における近代的子ども観の登場と歴史的変遷 ……………………… 98
　　　　　2. 西洋における近代的子ども観の登場と歴史的変遷 …………………… 100

Step 2　近代の教育に重要な影響を与えた教育思想 ……………………………… 102

Step 3　1. 日本における近代教育の展開 …………………………………………… 106
　　　　　2. 戦時体制下における教育と戦後の教育 ………………………………… 107

COLUMN　ベラスケスの名画「ラス・メニーナス（女官たち）」から ………… 108

第10講　教育制度の基本

Step 1　1. 教育の制度化の起こり …………………………………………………… 110

	2. 近代教育学の起こり	111
	3. 日本の近代教育の起こり	112
	4. 日本の教育制度	114
Step2	1. 教育に関する権利	116
	2. 教育委員会	116
	3. 義務教育	116
Step3	1. 教育格差問題	118
	2. 専門保育施設による保育保障と格差是正	119
	3. カリキュラムと保育者(教育者)格差の是正	119

第11講　教育の法律と行政

Step1	1. 教育を規定する法律	122
	2. 日本国憲法	122
	3. 教育基本法	123
	4. 学校教育法	125
	5. 学校教育法施行令	126
	6. 学校教育法施行規則	127
Step2	1. 安心・安全を保障する学校経営	128
	2. 学校評価について	128
Step3	1. 学校選択制	130
	2. 学校運営協議会制度とコミュニティ・スクール	130

第12講　諸外国の教育制度

Step1	1. アメリカ	134
	2. イギリス	134
	3. ドイツ	136
	4. フランス	136
	5. フィンランド	136
	6. 中国	138
	7. 韓国	138
Step2	1. 諸外国の教育問題——教育格差問題	140
	2. 諸外国の教育問題——教育の質の維持と向上	141

| Step3 | 1. 世界の教育改革——すべての人に教育を | 142 |
| | 2. 持続可能な開発のための教育（ESD） | 143 |

COLUMN 「子育て支援」から「家庭との連携」へ …………………………………… 144

第13講　教育実践の基礎

Step1	1. カリキュラム	146
	2. わが国の保育内容	148
Step2	1. 保育方法	150
	2. 保育形態	152
Step3	1. 計画と評価	154
	2. 保育記録の重要性とカンファレンス	155

第14講　さまざまな教育実践

Step1	1. フレーベル理論に基づく幼児教育	158
	2. モンテッソーリ理論に基づく幼児教育	160
Step2	1. レッジョ・エミリア・アプローチ	162
	2. 森の幼稚園	163
	3. シュタイナー幼稚園	164
Step3	1. これからの教育実践の課題	166
	2. 小学校以上の学校教育との関連	167

COLUMN 「森の幼稚園」の実施形態 …………………………………… 168

第15講　生涯学習社会における教育の現状と課題

Step1	1. 生涯学習概念の展開	170
	2. 生涯学習に関する基礎理論	171
	3. 日本における生涯学習	172
Step2	1. これからの教育政策の方向性——教育振興基本計画	174
	2. 第3期教育振興基本計画の概要	174
	3. 教育政策の目標と施策	176

Step3　1. 幼児教育の質の向上 ……………………………………………………… 178
　　　　　2. 保育の質の向上 …………………………………………………………… 178

索引
企画委員一覧
編集・執筆者一覧

第1講
教育の意義

　学校や保育の現場ではもちろん、友人や家族との会話、テレビニュースや新聞紙上では、毎日のように教育が話題にあがる。しかし、あらためて「教育とは何か」と問われると、答えに困るかもしれない。本講では、教育を受ける者から教育・保育を実践する者になるため、教育を学ぶ意味や、教育に対する見方や態度を転換すること、教育の基本的な事項、教育の必要性等を学ぶ。柔軟なあたまで、一緒に教育を考えていこう。

Step 1

1. 保育者になるための教育と学び

「教育」と聞いてあたまに思い浮ぶこと

　「教育」と聞いて、皆さんはどのようなことを思い浮かべるだろうか。楽しかった小学校の教室や授業の風景、宿題を忘れて先生に叱られている様子、練習に明け暮れた部活動、あるいは小さなころから家庭のなかで言われ続けてきた言葉等、それぞれの思い出とともに十人十色、百人百様の答えが返ってくるだろう。しかし、共通するのは自分の受けた教育の体験ではないだろうか。皆さんは、これまでの人生でたくさんの教育を受けてきている。その自分の体験からのみ、教育はこうあるべきと思い込んでいる人も実に多いのである。

　小学校は平成29年度、全国に2万95校が存在している（文部科学省、平成29年度学校基本調査より）。ビルに囲まれた高層校舎の学校や田園風景が広がる木造校舎の学校がある。学校選択をして通学する公立小学校や学区内にあってもバス通学をする山間部の学校がある。出席簿にしても、男女混合アイウエオ順や誕生日順、ABCのアルファベット順などがある。教育内容にいたっては、まさに千差万別なのである。当たり前と思っていたことや当たり前すぎて気にも留めなかったことが、意外とほかの人には当たり前でないことが多いのである。教育問題が起きて、ワイドショーでコメンテーターの議論がかみ合わなかったり、あれと思ったりすることも多いだろう。専門的に教育を学ばなくても、だれもが自らの体験から教育を論ずることができてしまう。そこに教育を考える難しさと教育そのものの難しさがあろう。

教育を実践する者への転換

　皆さんは教育・保育にかかわる専門職としての保育者になるため、一度頭をまっさらにして、素直な目で目前の教育をみてほしいのである。一方で、当たり前と思っていたことを本当にそうなのかと疑ってほしいのである。これらは、一見矛盾しているようであるが、先入観をもって教育に当たるのではないことを意味している。つまり、自分の経験に縛られず、広い視野と柔軟性をもった教育への見方が必要なのである。

　また、皆さんの教育経験とは、教育を受けている立場で体験した教育のことではないだろうか。「教育」から学校の教室を思い浮かべた人は、どの位置から教室をみているのだろう。テレビドラマや小説を思い浮かべた人は、児童生徒の視線で教

師や学校をみているのではないだろうか。将来皆さんは「先生」と呼ばれる職業に就(つ)こうとしているのである。教育を一方の視点でみて、考えるのではなく、さまざまな角度からみることが求められてくる。今までとは180度異なる立場から、ときには保護者や地域の人々の立場から教育をみて、考えることができなければ、教育を実践する者にはなれないのである。

　そのためには、日ごろから保育者の目をもって、教室や授業、教育、子どもをみて、行動に移してほしい。分かりやすい授業であれば、なぜ分かりやすいのか、教員の魅力を分析してまねてみよう。街で駄々をこねる子どもに困惑している親を見かけたら、私が保育者ならこんなアドバイスをしようと考えてほしい。つまり、保育者養成教育を受けるなかで教育を学ぶとは、単に教育を知識としてのみ理解するのではなく、教育を実践する者になるため、教育に対する見方や態度も転換していくことなのである。

「教育原理」を学ぶ

　今、皆さんが受講しているこの授業は、主に保育者養成課程における「教育原理」あるいはそれに相当する科目であろう。履修(りしゅう)指定学年からみて教育入門的な科目とされているが、内容的には教育を広く深く扱うため、学生の皆さんには少々難しそうだと思われてしまう。また、入門的な科目といった場合、教育学研究の入門とともに保育者養成課程の入門としての性格も含んでいるのである。

　原理という用語は、あまり聞きなれないものかもしれないが、「根本法則、根本要素」という意味がある。教育原理は、自然科学の分野にみられるような絶対的な法則とは異なり、人類の歴史とともに続く、人が人を教え育てる教育の営みの根本や共通性を体系的に理解し、教育とは何かを追究していく授業科目である。つまり、「教育原理」の授業は、皆さんが今日の混迷(こんめい)する教育を考えるうえで、あるいは保育を考えるうえで、教育の本質や目的、基本的な諸概念の理解を深めるとともに、教育のあり方を考える手がかりを得ることをねらいとしているのである。

　また、「教育原理」は、保育士資格や幼稚園教諭免許状を習得するための必修科目でもある。それは保育者養成課程において、「保育者になる」という意識を確かなものにし、教育に対する見方や態度の転換を図るため、教育の基本的事項とともに教育の学び方を学ぶ科目だからである。

2. 教育とは何か

教育の字義

　教育とは何であろうか。教育という言葉を漢字から考えてみよう。文字どおりに解釈すれば、「教え育てる」ことになる。「教」の漢字をみると、偏（へん）は人々の交わりのなかで、子が模倣をしている様子を表し、旁（つくり）は小さな棒を手にもって軽くたたく様子を表している。「教」は、大人が子どもに鞭（むち）打って、何かを模倣させることを意味しているのである。「育」の漢字をみると、上部の「云」は子どもが生まれてくる状態である「子」が逆さになっている姿を表し、下部の月は体の部分を指す肉づきである。「育」は、生まれてくる子どもを大きくすることを表している。「教」は大人が子どもに強制力をもって大人の文化を模倣させ、内面化させる営みであり、「育」は子どもが潜在的にもっている発達可能な力を助長させることを意味しているのである。つまり、教育という漢字は、外部からの文化の注入と内からの発達の助長という二方向の作用を含む概念ということになる。

　英語の場合、教育にあたる単語は、education である。education は、「引き出す」「植物の世話をする」といったラテン語の educore を語源として、子どもがもっている潜在的な諸能力を引き出し開花させる営みを示している。また、instruction を使うこともある。instruction は、in「内面」と struction「構造」の合成語であり、何らかの構造を子どもに内面化させることを示している。テニスやスキーの指導者をインストラクターというように、instruction はスポーツ分野での技術習得において使われることが多い。スポーツでは、特定の型（構造）を獲得することが、上達への第一歩だからである。このように英語でも、教育には子どもの潜在的な諸能力を助長する営みと、外部からの文化を注入し内面化させる行為の両面がある。

形式陶冶と実質陶冶

　子どものもって生まれた潜在的な諸能力は、文化的な環境のなかでさまざまな刺激を受け、次第に顕在化してくる。このように形のない可能性を具体的な人間の諸能力に形作っていくことを陶冶（とうや）といい、その可能性を陶冶性という。それは陶芸家が粘土をこねて器を作り、鍛冶（かじ）職人（しょくにん）が熔（と）かした鉄を打って刀を作る過程に似ているのである。人間は豊かな陶冶性をもっており、それが人間形成や教育の基礎となっているのである。教育とは、豊かな陶冶性をもつ人間にはたらきかけ、望ましい人間形成を助長する営みといえる。

陶冶は、形式陶冶と実質陶冶に分けられる。形式陶冶は、人間が内面にもっている記憶力や推理力、判断力、想像力などを培うことを意味し、数学・国語（文章の論理的把握）・音楽・美術等の教科を通して養われる。教師は、自由な学習活動と集団生活における自律を尊重することになる。一方、実質陶冶は、知識や技術など実生活に必要な具体的な資質を身につけることであり、理科・社会・国語（言語の習得）・技術・家庭等の教科を通して習得することになる。教師は、蓄積されてきた価値ある文化遺産を正しく伝え、子どもはそれを受け入れ、社会生活の規範を守ることが求められるのである。

形式陶冶は個人的視点から教育をみる見方に通じ、実質陶冶は社会的視点から教育をみる見方に通じているため、対立的にとらえられることがある。しかし、本質的には決して矛盾するものではない。人類は、多くの文化遺産を次世代に伝えることで文化的かつ社会的発展を遂げた。そこには、同様に伝えるだけではなく、子どもたちが文化を学習しながら、自らの力を伸ばそうとする過程を通じて発展していくのである。また、子どもが内なる力を伸ばせるのも多くの文化にふれてこそ可能であり、豊かな人間性も多くの人たちとかかわり啓発されてこそ開花させることができるのである。

3. 人間にとっての教育の必要性

教育の誕生

教育という営みは、人類が誕生し、長い年月をかけ進化した過程とともにある。現代人の祖先は直立二足歩行を可能にすると、手を器用に用いて道具をつくり、それを使用したり、火を操ったりして、ほかの動物にはみられない文化を形成していった。当然ながら道具は人類の文化財として、広範囲に伝播されるとともに次世代へ伝えられることになり、その伝承と進化の過程に教育的機能が存在していったのである。

また、直立二足歩行姿勢の確立は、ほかの動物にはみられないほど人類の大脳を進化させ、特に大脳の表面を占める新皮質を大きく発達させることになった。これまでの脳の部分が本能を司るのに対し、新皮質は思考や創造、記憶等に関する機能を司り、後天的な文化的刺激により発達していった。この新皮質の発達は、多くの動物が本能的な行動に縛られるのに対し、人類が後天的な情報を蓄え、それを操作することで新たな文化の創造を可能にしていった。つまり、人類は生まれた後

の文化的な刺激、特に教育的な作用によって進化してきたのである。

人間の出生からみた教育

　スイスの動物学者であるポルトマン（Portmann, A.）は、その著書『人間はどこまで動物か』[*1]で、人間の成長・発達をほかの動物と比較し、離巣性（りそうせい）と就巣性（しゅうそうせい）の観点から自説を述べている。猿や馬等の動物を、①妊娠期間が長く、親から受け継いだ行動パターンや身体機能といった遺伝的な特質の成熟も十分である、②生まれてくる子の数が少ない、③生存率が高い、④誕生直後から親と同じ生活ができるとして、離巣性と呼んだ。一方、ネズミやウサギ等の動物は、親は妊娠期間が短く、子どもは未成熟な形態で生まれるために生存率も低く、たくさんの子どもを産む必要性があるとして、これらを就巣性と呼んだ。

　人間の特徴は離巣性の動物に近いが、生まれたばかりの人間は離巣性に当てはまらない。人間は、生後1年を迎えたころにほかの離巣性の動物が生まれたときの状態にたどりつく。人間を離巣性とするならば、あと1年ほど妊娠期間が必要であるとポルトマンは考え、人間の新生児を未成熟な「生理的早産」の状態で誕生してくるとみなした（主に鳥類の研究をしていたポルトマンの説）。

　人間以外のほとんどの動物は、成長の速度や将来の行動様式などの成熟のプログラムが遺伝情報として織り込まれる。そのため、出生後に環境の影響によって変容する余地はほとんどない。このことは大変合理的ではあるが、生活環境や条件が急変した際、生きていくことが難しくなってしまうのである。人間は、誕生後経験する複雑かつ高度な生活を営むために、環境に応じて成長・発達する可塑性（かそせい）を残しているのである。

　また、最近の赤ちゃん学の成果によると、新生児は母親の声を聞き分けたり、身近な人の顔を認識したりする能力を有しているといわれる。だからこそ、生後1年間の過ごし方が、その後の発達にとって重要なのである。

人は人間によって人間になる

　人は、誕生後あらゆる諸感覚を駆使しながら、身の周りの環境にはたらきかける。温かく受容し、やさしく語りかける家族や大人に見守られながら、成長していく。その相互作用においては、子どもの自発的なかかわりや五感など身体感覚を伴う直接的な体験がとても大切である。また、特定の大人との親密なかかわりによって育

[*1]　A・ポルトマン, 高木正孝訳『人間はどこまで動物か――新しい人間像のために』岩波書店, 1961.

まれる信頼関係や人に認められて得られる安定感が、子どもがさまざまな能力を獲得する基盤となっていくのである。

近年、テレビやビデオ、スマートフォン等のメディアが、乳幼児期から子どもの生活に深く入り込んでいる。メディアへ長時間接触している乳幼児のなかには、これまでにはなかった子どもたちの異変が深刻さを増して報告されている。「見立て遊び」ができず、泥のコーヒーを本当に飲んでしまう子、オウム返しで言葉を話す子、視線が合わせられない子、ほかの子どもが近寄ると逃げてしまう子等である。メディアへの長時間接触は、人と人とのふれ合いや子どもの直接的な体験を制限し、身体的・文化的にさまざまな影響を与えてしまうため「2歳までテレビ・ビデオ視聴は控えよう」という日本小児科医会の提言もある。どんなに便利な社会になっても、人は人間と人間とのかかわりを通して人間になることを忘れてはならないだろう。

社会適応力のための教育

人間社会には、さまざまな制約があり、生活様式、慣習、社会規範等を学ばなくてはならず、それに基づいた判断や行動が求められる。

子どもは、1歳半から2歳ごろになるとおもちゃを取り合ったり、自分のしたいことを主張したり、自己の欲求と他人の欲求とのぶつかり合いを体験する。子ども同士のやり取りのなかで、ときには喧嘩も起きる。子どもは、大人に気持ちを代弁してもらったり、共感してもらったりしながら、次第に自分とは違う相手の気持ちを理解していき、自己主張することやがまんすること、感情をコントロールすることを学び、徐々に社会性を身につけていくのである。

文化伝承としての教育

文化は、人間の知的洗練や精神的進歩とその成果である芸術、学問、宗教、文化などを意味する場合があるが、今日ではより広く、ある社会の成員が共有している行動様式や物質的側面を含めた生活様式を指す場合が多い。人間は、人類の誕生以来、時代時代に培ってきた文化を一代で消滅させることなく、新しい世代に伝承し、蓄積してきた。この文化の伝承は、人間一人ひとりが過去の文化を学習し、内面化する過程を通して行われる。

社会的視点からみた場合、この文化の伝承を媒介するはたらきこそが教育なのである。私たちは、過去の文化伝達・継承をするとともに、それらを土台として新しい文化の創造を担っているのである。

Step 2

1. 人間形成と教育

人間形成の諸要因

　本来、教育の作用は生活のなかに溶け込んでいた。仕事をする親の背中をみながら子どもが仕事の意義を理解し、その方法を身につけるように、教育は無意図的に自然な形で営まれてきた。人類の進化とともに、文化が蓄積され、社会階層の分化によって、教育を計画的かつ組織的に行うようになり、意図的な教育が行われるようになってきたのである。このような無意図的教育作用を「教育」と区別して「形成」と呼んでいる。

　人間形成には、さまざまな要因が複雑に絡み合いながらはたらいている。それぞれの要因を明確に区別することはできないが、生まれながらに備えている諸機能の身体的・精神的反応傾向である素質、人を取り巻く外的なものの総体である環境、生育とともに変化・変容する成長・発達、経験を通じて知識や態度、行動を身につける学習をあげることができる。これらの諸要因が、一人ひとりの人間の人生の過程で、複雑に絡み合いながら、その人となりを形づくっていくのである。

遺伝・素質と環境の影響

　「蛙の子は蛙」と「鳶が鷹を産んだ」という諺がある。蛙の子であるオタマジャクシは、生まれたばかりは親とは似ても似つかないが、成長とともに親に似てくるたとえである。一方、姿形が似通っている鳶と鷹であるが、その能力の違いによって、平凡な両親（鳶）から優秀な子（鷹）が生まれたたとえとして使われる。つまり、前者は人間形成において生まれもった能力を重視し、後者は生後の環境が与える影響の重要性を意味している。そして、古くからこの両者が人間形成に大きな影響力をもっているとともに、時と場合において一方の優位性を主張する立場があることを意味している。

　生得的な特性について、以前は肌の色や髪の毛の性質、血液型などに代表されるように遺伝因子によって決まる遺伝の力としていた。しかし、昨今では、生得的な能力は受精後の胎児期における母体からの影響なども含んで考え、「遺伝」よりも広い意味をもち、素地的傾向である「素質」という概念を用いて説明することが多くなっている。

　また、生後の環境といった場合、人間形成の様相から自然的環境・社会的環境・文化的環境に大別される。自然的環境とは、気候・地形・風土等の私たちを取り巻

く物理的・地理的な環境である。社会的環境は、集団やそのなかにおける役割・役割期待等、主として人間関係にかかわる一連の環境である。文化的環境は、理想や価値、制度、科学、技術、生産、消費等の人間が創造し、蓄積してきた有形無形の文化で構成される一連の環境である。

　親子、兄弟がどことなく顔立ちが似ていたり、何気ない仕草が似ていたりすることがある一方、性格や学力がまったく異なることがある。それは、生後の可塑性をもって誕生してくる人間に当然起こりうることである。素質と環境が、それぞれ人間形成のどの面にどのようにはたらくかについて、明確な答えを求めることは困難である。人間は、素質を背負って生まれてくるが、その瞬間から環境のなかで生活する。両者を切り離して人間形成をとらえることは、実際生活のなかでは不可能だからである。

　また、アメリカの心理学者ジェンセン（Jensen, A. R.）は、子どものもつ遺伝特性を発現させることについて、そのために必要な環境要因の質と量が閾値を超えると、潜在化していたものが顕在化すると述べている。これを環境閾値説という。閾値とは、生体の感覚に興奮を生じさせるために必要な刺激の最小値である。例えば、がんに罹りやすい性質をもっていても、食事や生活様式に気をつけて生活していると閾値を超えず発病しないことになる。人間の成長発達にとって適切な環境を用意することは簡単ではないのである。

2. 成長・発達の適時性

　鳥類の雛は、孵化後13〜16時間の間に初めて目にした動くものを母親と認識するという。その物体が、動く玩具であっても、母親として後を追うことになる。オーストリアの動物学者ローレンツ（Lorenz, K.）は、これを「刷り込み」あるいは「刻印づけ」といった。このようにわずかな時間の間に、遺伝的プログラムに組み込まれていたことが失われてしまうのである。

　このタイミングの問題は、人間の言語中枢の発達でも同様のことがいえる。人間の新生児は、出生と同時に周りの大人たちからの声かけにより、言語学習が始まる。しかし、10歳ごろまでにまったく言語刺激を与えられないと、その後の学習では言語を習得することが困難になるともいわれている。このように、環境や刺激のはたらきかけが、人間の成長発達に効果的に作用するには、タイミングが重要となる。その効果が最も効果的かつ重要な時期を臨界期という。

Step 3

1. 学び方を学ぶ

保育者養成段階での学び

　学び方を学ぶとは、高校までの勉強の仕方とは異なる学び方を習得することである。高校までは、問題が与えられて、その問題の唯一の正解に至る解法を身につける勉強が中心であっただろう。しかし、現在の学習は問題を発見し、自ら課題を設定して、あるかないか分からない答えを求め、調べ、考え、話し合い、また調べ、考え、発表するといった過程こそが、大学、短大、専門学校での学びの中心となる。

　もちろん問題発見、課題設定には、基礎基本の知識や技術の習得や社会教育における学習なども必要である。高等教育機関や保育者養成段階における教育では、卒業後も主体的に学び続け、保育者としての資質や能力を高めていけるような学びの姿勢を身につけることが大切なのである。

主体的な学習者を育てるための教育

　近年、教育学にはpedagogy（子どもの教育学）とandragogy（大人の教育学）がある。

　新しい概念である大人の教育学を追究していくと、従来の子ども教育学のイメージでは教育の概念をとらえきれず、子どもを対象とした教育のとらえ直しも必要になってくるであろう。今日、生涯学習社会への移行が叫ばれて久しい。学習は、学習者の自由な意思に基づいて意欲をもって行うことが本来の姿であり、自分に合った手段や方法にそって行われる主体的なものである。主体的な学習者を育てるための教育はどのようなものなのか。生涯学習社会の実現に向けた教育のあり方について、大胆な発想の転換が求められる。

　また、幼児の自発的な活動としての「遊び」は、心身の調和のとれた発達の基礎を培う「重要な学習」であるといわれている。興味関心をもって、自ら学ぶ第一歩は幼児期における「遊び」なのである。

2. 幼稚園と保育所における教育・保育

教育・保育という用語

　明治初期に、日本で最も歴史をもつ東京女子師範学校附属幼稚園で「保育」とい

う用語が使われたため、幼稚園は「保育」するところとされてきた。同じく明治期に始まった保育所は、都市の労働者の子弟を預かって育てる託児所として拡大していった。昭和初期、文部省（現・文部科学省）は「保育」が幼稚園の活動を指す用語であるため、託児所が保育所を名乗らないように要請したことがあった。

　戦後、「保育」の使用をめぐって文部省と厚生省（現・厚生労働省）との間に対立があったが、1948（昭和23）年刊行の「保育要領」を幼稚園、保育所とも使用することになり、どちらも「保育」という用語を使用していた。1956（昭和31）年に「幼稚園教育要領」が刊行されると、幼稚園では「教育」という用語を使うようになったが、1947（昭和22）年公布の学校教育法では幼稚園が「保育」するところとされ、現在に至っている。保育所では、その活動を「保育」という用語で表している。

　2017（平成29）年告示の「幼保連携型認定こども園教育・保育要領」には、「教育及び保育」が一体的に展開されると記されている。また、幼保連携型認定こども園の1日の教育課程にかかる教育時間は4時間を標準とすること、幼保連携型認定こども園の保育を必要とする子どもに該当する園児に対する教育および保育の時間は、1日8時間を原則とすることが明記されている。

養護と教育が一体となった保育所保育

　学生のなかに「幼稚園は字を習うから教育をするところで、保育所は遊びながら保育をするところだから、私は保育士になりたい」という者がいた。このような思い込み学生とは別に、近年では幼稚園での営みを幼児教育という言い方が広がり、それとの差異を明確化するために保育所での営みを保育と称することが多くなっている。しかし、幼保連携型認定こども園の広がりもあり、実際には幼稚園と保育所での活動の内容・方法は接近しているのである。

　2017（平成29）年に告示された保育所保育指針では、第1章で保育所保育は、「養護と教育が一体的に行うことを特性としている」と記されている。さらに、「養護」は「子どもの生命の保持及び情緒の安定を図るために保育士等が行う援助や関わり」であり、「教育」は「子どもが健やかに成長し、その活動がより豊かに展開されるための発達の援助」で、「健康」「人間関係」「環境」「言葉」「表現」の5領域から構成されると明記されている。つまり、「養護と教育が一体的に行う」保育所保育では、「教育」を「発達の援助」と定義していることから、保育士の子どもへのはたらきかけのほとんどが「教育」ということになり、広い幅をもつことになる。

参考文献

- 土谷みち子「乳幼児期初期のビデオ視聴が子どもの成長に与える影響——保育臨床的係わりの試み」教育アンケート調査年鑑編集委員会編『教育アンケート調査年鑑1999年版（上）』創育社，1999．
- 教師養成研究会編『近代教育史』学芸図書，1996．
- 菱田隆昭編著『新時代の保育双書 幼児教育の原理 第2版』みらい，2009．
- 香川正弘・鈴木眞理・佐々木英和編『よくわかる生涯学習』ミネルヴァ書房，2008．
- 秋田喜代美・西山薫・菱田隆昭編『新時代の保育双書 今に生きる保育者論 第2版』みらい，2009．
- 佐藤晴雄『教職概論 第4次改定版』学陽書房，2017．
- 橋本太朗編著『現代教育基礎論』酒井書店，2010．
- 北野幸子編著『シードブック 子どもの教育原理』建帛社，2011．
- 石村華代・軽部勝一郎編著『教育の歴史と思想』ミネルヴァ書房，2013．
- 『幼稚園教育要領 保育所保育指針 幼保連携型認定こども園教育・保育要領＜原本＞』チャイルド本社，2017．
- 保育福祉小六法編集委員会編『保育福祉小六法 2018年版』みらい，2018．
- 無藤隆・北野幸子・矢藤誠慈郎『増補改訂新版 認定こども園の時代——子どもの未来のための新制度理解とこれからの戦略48』ひかりのくに，2015．
- 全国保育士会編『保育所保育指針・解説を読む』全国社会福祉協議会，2018．

第2講
教育の目的

　教育は、明確な意図をもって行われる。つまり、教育的行為には「何のため」や「何をめざして」といった目的が存在するのである。しかし、教育目的には、時代や地域に影響されない普遍性とそれらに制約を受ける可変性がある。また、個人的な側面とともに社会的・文化的側面もある。本講では、今日の教育を規定している日本国憲法や教育基本法、学校教育法等の教育理念・目的・目標と、教育目的の性格・あり方等についても幅広く考えてみよう。

Step 1

1. 教育目的の設定

教育の目的

　皆さんは「どうして勉強しているの？」と問われたら、何と答えるだろうか。「小さいころからの夢である保育者になるため」「立派な人間になるため」「幸せな人生を送るため」等と答える人が多いかもしれない。あるいは、「他人や社会の役に立ちたいから」「親の期待に応えるため」と答える人もいるであろう。自己実現であったり、他人のためであったり、さまざまな次元や価値観に基づく目的がある。「学校へ行く」ことや「勉強をする」ことが、当たり前となっている今日、改めて「何のため？」と問われると案外うまく答えられない人がいるかもしれない。

　無意図的な教育作用である「形成」に対して、意図的であり目的的な営みである「教育」は、あらかじめその結果を予想して行われる。つまり、教育によって起こりうる結果を事前に設定したものが、教育目的なのである。いかなる意図的行為にも必ず目的があるように、教育的行為にも「何のため」や「何をめざして」という教育目的が存在する。

教育目的と教育目標

　目的の類似語に目標という言葉がある。めざすものという意味では相通じて用いられることもある。目的は、目標に比べ抽象的で長期にわたる目あてであり、内容に重点をおいて使う。一方、目標は、めざす地点や数値、数量などに重点をおき、より具体的なものを指す場合が多い。

　教育においても教育目的と教育目標の用語が使用されている。教育法制上では、教育目的を教育目標の上位概念として位置づけている。そして、教育目標は、教育目的を具体的に肉づけし、詳細に表現したものになっている。例えば、教育基本法においては、第1条に教育の目的、第2条に教育の目標がおかれ、第2条「教育は、その目的を実現するため、（中略）次に掲げる目標を達成するよう行われるものとする」と記され、具体的な5項目が述べられているのである。

　また、同法第1条（教育の目的）には、「人格の完成を目指し」とあるように、一般的な概念として抽象的な表現になっているのに対し、同法第2条（教育の目標）は、「幅広い知識と教養を身に付け」といったように具体的な項目で表現されている。

教育目的の普遍性と可変性

　教育目的には、時代や地域の違いに影響されない普遍性と、時代によって国や地域の制約を受ける可変性がある。教育目的の普遍性には、一人ひとりの人間がもっているさまざまな潜在的能力や個性を見いだし、伸長させるといった個人的な成長をうながす側面がある。また、人間は誕生とともに家族や地域社会、国家において集団生活を送ることとなり、社会性の獲得など社会への適応といった面がある。集団生活に必要な知識や技能、習慣、言語、社会的規範等を身につけるとともに新しいものをつくりだすといった文化の継承と創造という文化的な側面がある。

　さまざまな国や地域が教育の目的を設定する場合、その国や地域がもつ社会のありようやその時代に求める理想の人間像が教育目的となる。例えば、同じ日本にあっても、江戸時代では身分制社会のなかで身分に応じて生活する従順な人間が、昭和初期であれば何をおいても国家に寄与する人間が、今日であれば少子高齢化、国際化、情報化といった変化の激しい社会を生き抜く人間が求められている。このように教育目的の可変性は、時代的変化と地域的条件の制約を受け、教育内容に大きな影響を及ぼすことになる。

教育目的の個人的・社会的・文化的側面

　人間が潜在的にもっているさまざまな成長・発達の力を信じ、教育はその力を伸ばし開花させるための助成であると考えるか、あるいは社会の制度、文化を教え伝えていくことで新たな創造を生むことが教育と考えるかによって、教育観が分かれる。教育観の中心は教育目的であり、教育が何をめざすかによって、教育目的にも異なる側面をみてとれる。

　一人ひとりの人間には、無限の可能性があるといわれるほどさまざまな能力や個性があり、教育はその能力や個性を見いだし伸長させることである。これは教育目的の個人的側面ということができる。また、人間は誕生とともに社会の最小単位である家族に属し、地域社会や国家において集団生活を余儀なくされる。この集団生活を送るために必要な知識や技能、習慣、言語などを人間は身につけなければならないのである。これは教育目的の社会的側面ということができる。

　1947（昭和22）年に公布された教育基本法（旧法）第１条では、教育の目的は「人格の完成をめざし」と個人的側面を示しており、続いて「平和的な国家及び社会の形成者」という社会的側面が記されている。そこには戦前の国家主義的な教育への反省から「個人の価値」を重視した教育観をみることができる。それに対し、2006

（平成18）年に改正された教育基本法では、「個人の価値」の文言が削除され、前文に「公共の精神」の尊重が加わった。規範意識や公共の精神の欠如が問題化する近年の社会状況を背景としている。教育目的を設定する際、個人的側面を重視するか社会的側面を重視するかという問題は、個人レベルでも国家レベルでも起こるのである。

また、ドイツの哲学者であるシュプランガー（Spranger, E.）は、文化とのかかわりで教育の本質と目的を説明した教育学者でもある。教育は文化財を媒介として、個人の価値感受性を高め、価値受容能力を養い、それによって文化を批判し、創造する意思と能力を形成するはたらきであると教育の文化的側面について述べている。

2. 教育理念と教育目的・教育目標

日本国憲法の教育理念

1946（昭和21）年11月3日に公布された日本国憲法の教育条項である第26条は「すべて国民は、法律の定めるところにより、その能力に応じて、ひとしく教育を受ける権利を有する」と定める第1項と、「すべて国民は、法律の定めるところにより、その保護する子女に普通教育を受けさせる義務を負ふ。義務教育は、これを無償とする」と定める第2項の二項から成り立っている。第1項では「教育」とあり、第2項では「普通教育」とある。「普通教育」は子どもたちが人間として国民として必要な教育であるため、第2項の「普通教育」は子どもが18歳まで受けることができる教育を指し、第1項は「普通教育」を含む主権者たる国民の「教育」を意味している。

「義務教育はこれを無償とする」の「義務教育」は、国民が子どもたちに対して義務を負っている普通教育を意味するため、「義務制の普通教育」ということになる。

教育基本法の教育理念

教育基本法は、日本国憲法の精神に則り制定されており、憲法と同じく条文の前に前文がある。この前文には、教育の基本理念が明示されている。

1947（昭和22）年に制定された旧法には「個人の尊厳を重んじ、真理と平和を希求する人間の育成を期する」教育であることと、「普遍的にしてしかも個性豊かな

文化の創造をめざす」教育を普及徹底することが記されている。

2006（平成18）年に改正された教育基本法では普遍的・基本的な理念を維持しながらも「公共の精神を尊び、豊かな人間性と創造性を備えた人間の育成」の教育であることと、「伝統を継承し、新しい文化の創造を目指す」教育の推進が新たに加えられたのである。

また、改正教育基本法第1条に教育の目的は、「人格の完成を目指し、平和で民主的な国家及び社会の形成者として必要な資質を備えた心身ともに健康な国民の育成を期して行われなければならない」と述べられている。この目的は、旧法第1条の教育の目的にある「人格の完成をめざし」を踏襲している。

学校教育法の教育理念・教育目的

学校教育法は、教育基本法とともに1947（昭和22）年、学校教育を規定する法律として制定された。学校教育法はたびたび改正されているが、第1条に学校の範囲として「学校とは、幼稚園、小学校、中学校、義務教育学校、高等学校、中等教育学校、特別支援学校、大学及び高等専門学校」が明記されている。そして、小学校の目的（同法第29条）は、「心身の発達に応じて、義務教育として行われる普通教育のうち基礎的なものを施すこと」とし、その目的を実現するために同法第21条の目的達成に努めることと、「生涯にわたり学習する基盤が培われる（同法第30条）」ように「基礎的な知識及び技能」やそれらを活用した「思考力、判断力、表現力」の習得、「主体的に学習に取り組む態度を養う」ように各学校の目的と目標が記されている。

また、第21条〔義務教育の目標〕には、「義務教育として行われる普通教育は、教育基本法第5条第2項に規定する目的を実現するため、次に掲げる目標を達成するように行われるものとする」として、10項目の目標が記されている。その10項目とは、「学校内外における社会的活動を促進し、自主、自律及び協同の精神、規範意識、公正な判断力並びに公共の精神に基づき主体的に社会の形成に参画し、その発展に寄与する態度を養う」や「学校内外における自然体験活動を促進し、生命及び自然を尊重する精神並びに環境の保全に寄与する態度を養う」といったように、道徳・総合的学習の時間・特別活動・各教科を通して実現される目標となっている。

また、教育基本法第5条第2項は、「義務教育として行われる普通教育は、各個人の有する能力を伸ばしつつ社会において自立的に生きる基礎を培い、また、国家及び社会の形成者として必要とされる基本的な資質を養うことを目的」とする条文である。義務教育としての普通教育は、教育目的の個人的側面と社会的側面の両面を掲げ、実施されるものである。

Step 2

1. 保育現場の教育目的と目標

幼稚園教育の目的と目標

　幼稚園の目的は、学校教育法第22条に「幼稚園は、義務教育及びその後の教育の基礎を培(つちか)うものとして、幼児を保育し、幼児の健やかな成長のために適当な環境を与えて、その心身の発達を助長すること」と記されている。幼稚園は学校の１つであるが、小・中学校が普通教育を施すものとしているのに対し、「適当な環境」を通して「心身の発達を助長」するものとしている。つまり、幼稚園では何かを教え込むといったことではなく、四季や園周辺の自然環境、園庭や保育室等の物的環境、保育者や友だち等の人的環境を通し、幼児自らさまざまなものに興味(きょうみ)をもってかかわっていく意欲・態度を養い、生涯にわたる人間形成の土台を培うことがめざされているのである。

　同法第23条には、その目的を実現するために次の目標が規定されている。

学校教育法

〔幼稚園の目標〕

第23条　幼稚園における教育は、前条に規定する目的を実現するため、次に掲げる目標を達成するよう行われるものとする。
　一　健康、安全で幸福な生活のために必要な基本的な習慣を養い、身体諸機能の調和的発達を図ること。
　二　集団生活を通じて、喜んでこれに参加する態度を養うとともに家族や身近な人への信頼感を深め、自主、自律及び協同の精神並びに規範意識の芽生えを養うこと。
　三　身近な社会生活、生命及び自然に対する興味を養い、それらに対する正しい理解と態度及び思考力の芽生えを養うこと。
　四　日常の会話や、絵本、童話等に親しむことを通じて、言葉の使い方を正しく導くとともに、相手の話を理解しようとする態度を養うこと。
　五　音楽、身体による表現、造形等に親しむことを通じて、豊かな感性と表現力の芽生えを養うこと。

　これらの目標は、実際の教育を行う場合、常に念頭におかなくてはならないものであり、さらに『幼稚園教育要領』には５領域のねらいと内容、内容の取り扱いとして、具体的かつ詳細に述べられているのである。

保育所保育の目的と目標

　保育所は、「保育を必要とする乳児・幼児を日々保護者の下から通わせて保育を

行う」ことを目的とする児童福祉施設であることが児童福祉法第39条に記されている。その目的を達成するために保育所では、保育に関する専門性をもった職員が、家庭との連携を図りながら、子どもの状況や発達過程をふまえ、環境を通して、「養護及び教育を一体的に行う」ことを特性としているのである。

『保育所保育指針』には、保育所は「子どもが生涯にわたる人間形成にとって極めて重要な時期に、その生活時間の大半を過ごす場」であり、子どもが今をよりよく生き、未来をつくり出す力の基礎を養うために、次の6つの目標をめざすことが記されている。

> 保育所保育指針　第1章　総則
> 1　保育所保育に関する基本原則
> 　(2)　保育の目標　ア（抜粋）
> 　　(ア)　十分に養護の行き届いた環境の下に、くつろいだ雰囲気の中で子どもの様々な欲求を満たし、生命の保持及び情緒の安定を図ること。
> 　　(イ)　健康、安全など生活に必要な基本的な習慣や態度を養い、心身の健康の基礎を培うこと。
> 　　(ウ)　人との関わりの中で、人に対する愛情と信頼感、そして人権を大切にする心を育てるとともに、自主、自立及び協調の態度を養い、道徳性の芽生えを培うこと。
> 　　(エ)　生命、自然及び社会の事象についての興味や関心を育て、それらに対する豊かな心情や思考力の芽生えを培うこと。
> 　　(オ)　生活の中で、言葉への興味や関心を育て、話したり、聞いたり、相手の話を理解しようとするなど、言葉の豊かさを養うこと。
> 　　(カ)　様々な体験を通して、豊かな感性や表現力を育み、創造性の芽生えを培うこと。

保育所には、それぞれに保育の方針があり、施設の規模や地域性によって、保育のありようはさまざまであるが、子どものこころの安定を図りながらきめ細かく対応していく養護的側面とともに、子どもの成長発達をうながし導いていく教育的側面を一体的に展開しようとするところにすべての保育所に共通した目的および目標がある。

認定こども園の目的と目標

「就学前の子どもに関する教育、保育等の総合的な提供の推進に関する法律」第2条第7項に、幼保連携型認定こども園（以下、認定こども園）の目的が記されている。認定こども園は、①義務教育およびその後の教育の基礎を培う満3歳以上の子どもに対する教育と保育を必要とする子どもに対する保育を一体的に行うこと、②子どもの健やかな成長が図られるよう適当な環境を与えて、その心身を助長するこ

と、③保護者に対する子育て支援を行うことを目的とした施設と明記されている。

そして認定こども園では、その目的を実現するために「子どもに対する学校としての教育及び児童福祉施設としての保育」と「保護者に対する子育て支援事業の相互の有機的な連携を図り」ながら、6項目の目標の達成をするよう教育と保育を行うとされている（同法第9条）。6項目のうち、1から5までは学校教育法第23条の幼稚園の目標と同じであり、6番目に「快適な生活環境の実現及び子どもと保育教諭その他の職員との信頼関係の構築を通じて、心身の健康の確保及び増進を図ること」と述べられている。

2. 教育目的の変遷

古代・中世の教育と目的

古代ギリシャ社会では、多くのポリス（都市国家）が形成され、市民による会議、裁判も行われ、奴隷制を経済的基盤とした市民生活が営まれた。ポリスの代表的なものがアテネとスパルタである。アテネでは、知的、道徳的および身体的な調和による「人格の円満な発達」を教育目的とし、有能な市民の育成が図られた。またスパルタでは、命令によく従う屈強な軍人、国家に対して忠実な公民を育てることが教育の目的とされた。

古代ローマ社会では、初め父親の権能が強い家庭教育が中心であったが、次第に学校が整備され、初等学校や文法学校、修辞学校が現れた。ローマの学校では、ギリシャ教育の影響を受けていたが、弁論家を理想的人間像としていたことを示している。

中世ヨーロッパ社会では、政治、経済、社会の全面にわたってカトリック教会の支配下にあったため、教育の指導権も教会がもち、キリスト教信仰にかなう神の国の成員となることが求められた。その後、ルター（Luther, M.）の宗教改革によって、信仰は形式的なミサへの参加や教会への寄進で得られるものではなく、人々が聖書を重視し、個人の良心の問題とした新教の立場が広まっていった。これらプロテスタントは、学校教育において宗教教育を中心としながらも、現世の生活の意義を重んじ、家庭や職場、国家における義務を遂行することを教育の目的とした。

近代以降の教育と目的

ルネサンスを機に児童中心主義の考えが起こり近代化へ移行する。『大教授学』を著したコメニウス（Comenius, J. A.）は、キリスト教によって世界の平和と秩

序をこの世に実現しようとした。そこで人々に博識と道徳、敬虔心の三者を身につけさせることが教育の目的であるとした。

　これに対して、ルソー（Rousseau, J. J.）は子どもを中心として、その人間性の展開を切望するところから始まり、新たな人間形成による新しい社会の出現をめざすものであった。主書『エミール』の冒頭のことば「造物主の手を出るときはすべてのものは善であるが、人間の手に移されるとすべてのものが悪くなってしまう」とあるように、子どもに自然が与えた人間としての本性を自然の歩みにしたがって発芽させることが教育の目的であるとした。

　ペスタロッチー（Pestalozzi, J. H.）は、ルソーの影響を多分に受けるとともに、その考えを発展させた。彼は、陶冶されるべき子どもの能力を知・徳・体の3領域に分け、特に徳（道徳的、宗教的）の領域を重視し、諸能力の調和的発達をさせることで、自己の認識を知恵に達するようにすることを教育目的としている。

日本における近・現代の教育と目的

　1872（明治5）年に公布された「学制」の序文にあたる「被仰出書」に、近代日本が掲げた最初の教育目的が記されている。ここには、学問や教育があらゆる個人的営為にかかわって存在するもので、個人の立身、治産昌業の基礎ととらえているのであり、当時の文明開化論者の福澤諭吉の考えが多分に取り込まれている。

　1885（明治18）年、森有礼が初代文部大臣に就任すると、国家主義的な近代教育体制を整備する必要から、諸学校令の制定をはじめとした教育改革を進めた。その政策は、教育を国家のためとし、国家主義教育体制が確立された。また、1890（明治23）年には「教育ニ関スル勅語」が発せられ、臣民の育成が目的とされた。

　1931（昭和6）年の満州事変勃発により、軍部を中核とする全体主義勢力の台頭が顕著となり、1937（昭和12）年に内閣に設置された教学審議会が一連の答申のなかで、すべての教育目的に「皇道の道」に則って「皇国民の練成」を施すことを掲げた。1941（昭和16）年になると日本の小学校は、すべて国民学校に改変された。国民学校の目的は「皇国ノ道ニ則リテ初等普通教育ヲ施シ基礎的練成ヲ施ス」とされ天皇制国家主義体制の教育がいっそう明確となっていった。

　大きな犠牲を払った第二次世界大戦は1945（昭和20）年に終戦を迎えた。戦後日本の教育は、国家主義から民主主義へ、軍国主義から平和主義へと方向転換をしていく。1946（昭和21）年、国民主権、基本的人権の尊重、平和主義を柱とする日本国憲法が公布され、翌年教育基本法が制定され、教育勅語に代わって新しい教育の理念および目的が示されたのである（**Step 1 参照**）。

Step 3

1. 意図をもった人間形成

　日々の生活のなかに溶け込んでいる教育には、「～を身につけて欲しい」「～ができるように」といった目的意識や明確な意図のあるものと、そうでないものがある。意図の明確さによって、人間形成を無意図的、付随的、意図的に分類する。

無意図的人間形成

　人間は、ある特定の社会集団や文化のなかで長く生活していると、意図的なはたらきかけがなくても、その集団の人々のものの考え方や行動様式を自然と身につけることがある。自然豊かな野原のなかで育った人と、ビルに囲まれた都会のなかで育った人との間には、さまざまな行動様式に異なる傾向がみられる。国民性・地域性・校風の違い、方言などにこうした無意図的な人間形成の作用をみることができる。この無意図的な人間形成の作用が、実は人の根幹にかかわる思考や態度形成に大きな影響を与えることが多いのである。

　そして、無意図的な人間形成の作用は自分自身が受けることもあれば、周囲の人々に与えることもある。近所に交通量の少ない交差点があるとしよう。信号待ちをしている親子の脇を自動車が来ないからとあなたが横断したらどうであろう。無言で横断しても、その行動は「信号無視をしてもよい」というメッセージを周囲の人に送ることになり、親子へ無意図的な人間形成の作用を与えることになる。意図していないときほど人の本性が現れるものであるからこそ自己研鑽に励みたい。

付随的人間形成

　特定の目的意識をもつ意図的な活動は、それ自体が人間形成を意図するものでなくても、付随的に人間形成のはたらきをすることがある。特定の職業に長く従事していると、その職業の目的を遂行する必要から、特異な能力や思考、態度の傾向が身についてくる。保育者が、子どもたちに届きやすい発声を身につけたり、保育者としての雰囲気を全身から醸し出してきたりする。職人気質、教員タイプ、銀行員タイプなどは、それぞれの目的活動に付随して形成されたパターンである。

意図的人間形成

　人間形成を目的とした意図的な活動のことである。例えば、親は子どもを責任感の強い人間に育てたいと考え、花壇への水遣り、風呂やトイレの掃除、食事の配膳など、子どもにもできる家庭での役割を課す。自ら学習する姿勢や習慣を身につけ

させるため、漢字や計算ドリルを毎日決まった時間に課す。健康な体づくりをするために、バランスよい食事の摂取と運動を課す。これらは、その目的を遂行する活動が、そのまま人間形成の作用となっている。

　この意図的な人間形成の作用こそが、教育である。人間は、さまざまな要因によって形成されていくが、常に望ましい方向に形づくられるとは限らない。そこで、理想や目標に向けて効果的に推し進めるための意図的な活動、つまり教育が必要となる。今日の学校は、意図的人間形成を行う代表的な機関なのである。

2. 小学校から大学までの教育目的

　幼稚園は、「義務教育及びその後の教育の基礎を培うもの」（学校教育法第22条）とあるが、生涯にわたる教育の基礎とすることをふまえ、その後の学校教育を見通すことも必要である。幼児教育に接続する小学校以降の学校の目的を確認したい。

学校教育法
〔小学校の目的〕
第29条　小学校は、心身の発達に応じて、義務教育として行われる普通教育のうち基礎的なものを施すことを目的とする。
〔中学校の目的〕
第45条　中学校は、小学校における教育の基礎の上に、心身の発達に応じて、義務教育として行われる普通教育を施すことを目的とする。
〔高等学校の目的〕
第50条　高等学校は、中学校における教育の基礎の上に、心身の発達及び進路に応じて、高度な普通教育及び専門教育を施すことを目的とする。
〔特別支援学校の目的〕
第72条　特別支援学校は、視覚障害者、聴覚障害者、知的障害者、肢体不自由者又は病弱者（身体虚弱者を含む。）に対して、幼稚園、小学校、中学校又は高等学校に準ずる教育を施すとともに、障害による学習上又は生活上の困難を克服し自立を図るために必要な知識技能を授けることを目的とする。
〔大学の目的〕
第83条　大学は、学術の中心として、広く知識を授けるとともに、深く専門の学芸を教授研究し、知的、道徳的及び応用的能力を展開させることを目的とする。

　皆さんの多くは、大学・短期大学・専門学校に在籍して、幼児教育・児童教育・保育等を学んでいることであろう。皆さんが通う学校には、前述の各学校の教育目標に則った教育理念・教育方針等が定められ、明確な意図をもった人間形成が企図されている。それらを理解したうえで、自己の学びを進めていってほしい。

参考文献

- ルソー，今野一雄訳『エミール（上）』岩波書店，1962．
- 教師養成研究会編著『近代教育史』学芸図書，1996．
- 菱田隆昭編著『新時代の保育双書 幼児教育の原理 第 2 版』みらい，2009．
- 秋田喜代美・西山薫・菱田隆昭編『新時代の保育双書 今に生きる保育者論 第 2 版』みらい，2009．
- 橋本太朗編著『現代教育基礎論』酒井書店，2010．
- 大浦猛『教師養成研究会 教職課程講座① 教育の本質と目的 改訂版』学芸図書，2000．
- 北野幸子編著『シードブック 子どもの教育原理』建帛社，2011．
- 新保育士養成講座編纂委員会編『新保育士養成講座② 教育原理』全国社会福祉協議会，2011．
- 佐藤晴雄『現代教育概論 第 4 次改訂版』学陽書房，2017．
- 石村華代・軽部勝一郎編著『教育の歴史と思想』ミネルヴァ書房，2013．
- 『幼稚園教育要領 保育所保育指針 幼保連携型認定こども園教育・保育要領＜原本＞』チャイルド本社，2017．
- 保育福祉小六法編集委員会編『保育福祉小六法 2018年版』みらい，2018．
- 新保育士養成講座編纂委員会編『新保育士養成講座③ 児童家庭福祉 改訂 2 版』全国社会福祉協議会，2015．
- 無藤隆・北野幸子・矢藤誠慈郎『増補改訂新版 認定こども園の時代――子どもの未来のための新制度理解とこれからの戦略48』ひかりのくに，2015．

第3講

乳幼児期の教育の特性

乳幼児期は発達も著しく、個人差が大きい時期である。このような時期における教育には、子どもの発達を理解し、子どもに応じた効果的な教育のあり方を考えることが重要になる。本講では、乳幼児期の教育で育みたいこと、育むものの見方や考え方、育み方やその過程のあり方について解説する。そのうえで、今後の乳幼児期の教育において課題になることについて理解してほしい。

Step 1

1. 乳幼児期の発達の特徴

　乳幼児期は、発達が著しく、またその個人差も大きい。例えば、生後1年間には、首が据わる、座る、つかまって立つ、立つというような姿勢の保持や、寝返り、ハイハイ、つかまり歩き、一人歩きというように移動に関する変化がある。また、手指の発達は、使い方や動かし方もバリエーションが増え、手先も器用になる。ハイハイなどで移動できるようになり、行動範囲が広がると、乳児はさまざまなものに触ったり、なめたりして、ものを確かめるようになる。手先が器用になると、その確かめ方も多様になる。このような行為は、「探索行動」もしくは「探索活動」と呼ばれるものである。探索行動は、ものを確かめる手段であるだけでなく、子どもがさまざまなものに興味・関心をもったり、新たなものに挑戦しようとする意欲を育てることにもなる。探索行動を繰り返し、挑戦してやり遂げる経験を積み重ねるなかで、自分自身への自信、つまり「自己への信頼感」が形成されると考えられる。

　もう1つの基本的な信頼感は、他者は自分のことを愛して受け入れてくれる、困ったときに助けてもらえるという確信であり、保護者や周囲の大人への信頼感、つまり「他者への信頼感」である。乳児は、泣く、喃語、指差し等で大人に積極的にはたらきかけるとともに、大人からかけられた言葉に声や身振りで思いを伝えようとし、コミュニケーションを図る。乳児は、身近な大人にはたらきかけていく過程において、特定の大人とのこころの絆「アタッチメント（愛着）」を形成するようになる。アタッチメントが形成されると、自分が守られているという安心感が得られるだけでなく、それが人に対する基本的な信頼感の基盤になると考えられる。また、特定の大人が「安全基地」となることで、安心してさまざまなことに興味をもち、好奇心が強くなることで、ますます探索行動が盛んになる。

　このように、子どもは、生まれたときから環境にはたらきかけ、自ら育っていこうとする存在であり、環境とかかわり合うなかで、生活に必要な能力や態度を獲得していく。そのため、乳幼児期の教育には、子どもの興味を引き出し、探索や探究が十分にできる環境を整えておくことが重要になる。そしてその環境には、子どもからのはたらきかけを受容し、適切なタイミングで応答する大人の存在も重要である。

2. 幼児教育の基本

　「幼児教育」とは、乳幼児期の保育・教育の全体を指す言葉であり、保育所、幼

稚園、認定こども園のすべてのことを含んでいる。

環境を通して行う教育

　幼稚園教育要領は、幼稚園における一定の教育水準および質を担保し、教育の機会均等を保障するため、文部科学省が学校教育法に基づき定めている大綱的基準のことである。1948（昭和23）年に刊行された保育要領以来、これまでおおむね10年に一度改訂が行われてきた。2017（平成29）年に改訂された幼稚園教育要領においても、幼児期の教育は「環境を通して行う教育」を基本としている。幼稚園教育要領第1章総則には、以下のように書かれている。

> **幼稚園教育要領　第1章　総則**
> 第1　幼稚園教育の基本
> 　幼児期の教育は、生涯にわたる人格形成の基礎を培う重要なものであり、幼稚園教育は、学校教育法に規定する目的及び目標を達成するため、幼児期の特性を踏まえ、環境を通して行うものであることを基本とする。
> 　このため教師は、幼児との信頼関係を十分に築き、幼児が身近な環境に主体的に関わり、環境との関わり方や意味に気付き、これらを取り込もうとして、試行錯誤したり、考えたりするようになる幼児期の教育における見方・考え方を生かし、幼児と共によりよい教育環境を創造するように努めるものとする。

　保育所保育指針は、保育所の機能および質の担保を保障するため、児童福祉施設の設備及び運営に関する基準に基づき、保育所における保育の内容に関する事項およびこれに関連する運営に関する事項を定めている大綱的基準のことである。2017（平成29）年度に改定された保育所保育指針、第1章総則にも、上記と同様の内容の記載がみられる。

> **保育所保育指針　第1章　総則　1　保育所保育に関する基本原則**
> （1）保育所の役割
> イ　保育所は、その目的を達成するために、保育に関する専門性を有する職員が、家庭との緊密な連携の下に、子どもの状況や発達過程を踏まえ、保育所における環境を通して、養護及び教育を一体的に行うことを特性としている。
> （3）保育の方法
> イ　子どもの生活のリズムを大切にし、健康、安全で情緒の安定した生活ができる環境や、自己を十分に発揮できる環境を整えること。
> オ　子どもが自発的・意欲的に関われるような環境を構成し、子どもの主体的な活動や子ども相互の関わりを大切にすること。特に、乳幼児期にふさわしい体験が得られるように、生活や遊びを通して総合的に保育すること。

このように、幼児教育は、「環境を通して行う」ことを方法の基本とし、それを通して子どもの主体性・能動性を育てることにある。子どもは、安心・安定して過ごすなかで（養護）、さまざまなものや人に出会い、環境に自らはたらきかけることで活動が充実し、それが遊びになる。

身近な環境に関わることを通しての遊び

　子どもは、園に置かれたさまざまな環境に出会い、興味・関心をもったもの・ことにはたらきかける。その過程において、多様な動きを加えたり、工夫したり、発見する等の試行錯誤をし、そこからさまざまな気づきが生まれ、活動が充実する。それが遊びといわれるものである。そのなかで、子どもは面白さや楽しさを実感し、そこから新たな活動が生まれたり、変化をつくり出したりすることで、遊びが発展する。このような遊びは、仲間と模倣し合うことから始まり、協力して同じ物をつくったり、共有したり、テーマに合わせて仲間と分担して取り組むようになる。このように、子どもは環境との出会いを通してさまざまな遊び（活動）が生まれ、その過程で多様な気づきが生まれ、それが学びへとつながるのである。

　幼稚園教育要領第1章総則には、以下の記載がある。

> **幼稚園教育要領　第1章　総則　第1　幼稚園教育の基本**
> 2　幼児の自発的な活動としての遊びは、心身の調和のとれた発達の基礎を培う重要な学習であることを考慮して、遊びを通しての指導を中心として第2章に示すねらいが総合的に達成されるようにすること。

　保育所保育指針、第1章総則にも、同様の記載がみられる。

> **保育所保育指針　第1章　総則　1　保育所保育に関する基本原則**
> (3)　保育の方法
> 　オ　（中略）特に、乳幼児期にふさわしい体験が得られるように、生活や遊びを通して総合的に保育すること。

教育を支える養護

　保育所保育指針には、養護に関して、第1章総則に、以下のように記載されている。

> **保育所保育指針　第1章　総則　2　養護に関する基本的事項**
> (1)　養護の理念

> 　保育における養護とは、子どもの生命の保持及び情緒の安定を図るために保育士等が行う援助や関わりであり、保育所における保育は、養護及び教育を一体的に行うことをその特性とするものである。保育所における保育全体を通じて、養護に関するねらい及び内容を踏まえた保育が展開されなければならない。

　保育所保育指針における養護は、安全かつ安心して生活や遊びを保障するという視点で、保育士等が行う配慮や環境整備の一端として書かれている。「養護及び教育を一体的に行う」というのは、安心かつ安全を保障されている環境において、子どもが主体となって遊び（学び）が展開されることを示している。つまり、養護が土台になって、教育が営まれることを意味している。したがって、「養護及び教育を一体的に行う」ことは、もちろん乳児保育・1歳以上3歳未満児の保育においても重要であるが、乳幼児期の教育・保育においては年齢にかかわらず基本になる。

　幼稚園教育要領にも、幼稚園教育要領第1章総則には、保育所保育指針における情緒の安定と同様の趣旨だと考えられる記述がある。

> **幼稚園教育要領　第1章　総則　第1　幼稚園教育の基本**
> 第1　幼稚園教育の基本
> 1　幼児は安定した情緒の下で自己を十分に発揮することにより発達に必要な体験を得ていくものであることを考慮して、幼児の主体的な活動を促し、幼児期にふさわしい生活が展開されるようにすること。

　また、生命の保持に関しては、学校における児童生徒等の安全の確保や健康の保持増進を目的としている、学校保健安全法を適用することができる。

Step 2

1. 幼児教育で育む「資質・能力」

　幼稚園教育要領・保育所保育指針（2017（平成29）年改訂・改定）では、「生きる力」を育むために幼児教育で育てる要素が「資質・能力」として示された。幼児教育における「資質・能力」は、小学校以降の「資質・能力」の3つの柱（「知識・技能」「思考力、判断力、表現力等」「学びに向かう力、人間性等」）を基本とした、「知識及び技能の基礎」、「思考力・判断力・表現力等の基礎」、「学びに向かう力・人間性等」である。これは、乳幼児期全体を通して育っていく力を表したものであり、子どもの体験を学びや育ちとしてとらえるための枠組みである。

　「知識及び技能の基礎」は、「豊かな体験を通じて、感じたり、気付いたり、分かったり、できるようになったりする」ことである。「思考力・判断力・表現力等の基礎」は、「気付いたことやできるようになったことなどを使い、考えたり、試したり、工夫したり、表現したりする」ことである。「学びに向かう力、人間性等」は、「心情、意欲、態度が育つ中で、よりよい生活を営もうとする」ことである。これらは、子どもがそうなっていくあり方をプロセスとして表している。小学校以降の教育と幼児教育の「資質・能力」は、ほぼ同様の言葉を使っているが、「知識・技能の基礎」というように、「の基礎」という表現をしているのは、「獲得していく過程」であることを示すためである。つまり、幼児教育における「資質・能力」は、「ここまでを目指すもの」としてとらえる指標ではなく、子どもの姿や育ちをプロセスとして受けとめるための枠組みとして示されたものなのである。また、個別に取り出して身に付けさせるものではなく、遊びを通しての総合的な指導を行うなかで、一体的に育んでいくことを重視している。

2. 子どもの育ちをとらえる

乳児保育における3つの視点

　幼児教育において育みたい「資質・能力」を、どのようにして育てればよいのかを示したものが、「保育所保育指針の第2章　保育の内容」に示された「ねらい」と「内容」である。

　保育所保育指針（2017（平成29）年改定）では、乳児保育と1歳以上3歳未満児の保育にも、保育の内容として「ねらい」および「内容」が示された。乳児保育では、この時期の発達の特徴をふまえ、自分のこころとからだに関する視点「健やか

に伸び伸びと育つ」、他者とのかかわりに関する視点「身近な人と気持ちが通じ合う」、物とのかかわりに関する視点「身近なものと関わり感性が育つ」の3つの視点で示されている。

保育所保育指針の保育の内容（第2章）を見てみると、乳児保育にかかわる視点「健やかに伸び伸びと育つ」には、「健康な心と体を育て、自ら健康で安全な生活をつくり出す力の基礎を培う」と示されている。そして、1歳以上3歳未満児における領域「健康」と主に関連しており、内容には発達的な連続性がみられる。

視点「身近な人と気持ちが通じ合う」には、「受容的・応答的な関わりの下で、何かを伝えようとする意欲や身近な大人との信頼関係を育て、人と関わる力の基礎を培う」と示されている。そして、この視点は、1歳以上3歳未満児における「人間関係」と「言葉」の2つの領域と主に関連しており、内容には発達的な連続性をもたせている。

視点「身近なものと関わり感性が育つ」には、「身近な環境に興味や好奇心をもって関わり、感じたことや考えたことを表現する力の基礎を培う」と示されている。そして、この視点は、1歳以上3歳未満児における「環境」と「表現」の2つの領域と主に関連しており、内容には発達的な連続性をもたせている。

1歳以上3歳未満児・3歳以上児における5領域

保育所保育指針における1歳以上3歳未満児の保育内容は、3歳以上児の保育内容（保育所保育指針・幼稚園教育要領）と同様に、5つの領域で示されている。5つの領域とは、心身の健康に関する領域「健康」、人とのかかわりに関する領域「人

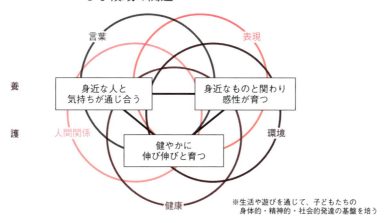

図表3-1　乳児保育における3つの視点と1歳以上児における5領域の関連

間関係」、身近な環境とのかかわりに関する領域「環境」、言葉の獲得に関する領域「言葉」、感性と表現に関する領域「表現」である。

　5つの領域は、生活や遊びをそれぞれの領域から単独で考えるのではなく、生活や遊びのなかで領域が大きく重なり合いながら学びが広がったり、深まることを意味している。

3. 幼児期の終わりまでに育ってほしい姿

　「幼児期の終わりまでに育ってほしい姿」とは、3つの視点・5領域において、資質・能力がどのように育っているのかをとらえ、保育の改善を図るために、子どもの育ちの姿を具体的にみていくためのものである。

　上記に示してきたように、乳児保育における3つの視点は、その内容に発達的な発展した内容として1歳以上3歳未満児の保育における5領域に、そして、3歳以上児の保育における5領域へと連続し、発達的に発展していく。

　具体的には、視点「健やかに伸び伸びと育つ」・領域「健康」は①健康な心と体に、視点「身近な人と気持ちが通じ合う」・領域「人間関係」は②自立心、③協同性、④道徳性・規範意識の芽生え、⑤社会生活とのかかわりに、視点「ものとの関わり」・領域「環境」は⑥思考力の芽生え、⑦自然とのかかわり・生命の尊重、⑧数量や図形、標識や文字などへの関心・感覚、領域「言葉」は⑨言葉による伝え合い、領域「表現」は⑩豊かな感性と表現につながる。

　このように、乳児期からの連続的な発展、内容の積み重ねが、「幼児期の終わりまでに育ってほしい姿」へとつながっていく。また、「幼児期の終わりまでに育ってほしい姿」は、年長児の後半の姿を想定して描かれたものであるが、乳幼児期全体を通して、さらには小学校につながっていく子どものあり方として描かれている。

「幼児期の終わりまでに育ってほしい姿」　幼稚園教育要領　抜粋
(1)　健康な心と体　幼稚園生活の中で、充実感をもって自分のやりたいことに向かって心と体を十分に働かせ、見通しをもって行動し、自ら健康で安全な生活をつくり出すようになる。
(2)　自立心　身近な環境に主体的に関わり様々な活動を楽しむ中で、しなければならないことを自覚し、自分の力で行うために考えたり、工夫したりしながら、諦めずにやり遂げることで達成感を味わい、自信をもって行動するようになる。
(3)　協同性　友達と関わる中で、互いの思いや考えなどを共有し、共通の目的の実現に向け

て、考えたり、工夫したり、協力したりし、充実感をもってやり遂げるようになる。
(4) 道徳性・規範意識の芽生え　友達と様々な体験を重ねる中で、してよいことや悪いことが分かり、自分の行動を振り返ったり、友達の気持ちに共感したりし、相手の立場に立って行動するようになる。また、きまりを守る必要性が分かり、自分の気持ちを調整し、友達と折り合いを付けながら、きまりをつくったり、守ったりするようになる。
(5) 社会生活との関わり　家族を大切にしようとする気持ちをもつとともに、地域の身近な人と触れ合う中で、人との様々な関わり方に気付き、相手の気持ちを考えて関わり、自分が役に立つ喜びを感じ、地域に親しみをもつようになる。また、幼稚園内外の様々な環境に関わる中で、遊びや生活に必要な情報を取り入れ、情報に基づき判断したり、情報を伝え合ったり、活用したりするなど、情報を役立てながら活動するようになるとともに、公共の施設を大切に利用するなどして、社会とのつながりなどを意識するようになる。
(6) 思考力の芽生え　身近な事象に積極的に関わる中で、物の性質や仕組みなどを感じ取ったり、気付いたりし、考えたり、予想したり、工夫したりするなど、多様な関わりを楽しむようになる。また、友達の様々な考えに触れる中で、自分と異なる考えがあることに気付き、自ら判断したり、考え直したりするなど、新しい考えを生み出す喜びを味わいながら、自分の考えをよりよいものにするようになる。
(7) 自然との関わり・生命尊重　自然に触れて感動する体験を通して、自然の変化などを感じ取り、好奇心や探究心をもって考え言葉などで表現しながら、身近な事象への関心が高まるとともに、自然への愛情や畏敬の念をもつようになる。また、身近な動植物に心を動かされる中で、生命の不思議さや尊さに気付き、身近な動植物への接し方を考え、命あるものとしていたわり、大切にする気持ちをもって関わるようになる。
(8) 数量や図形、標識や文字などへの関心・感覚　遊びや生活の中で、数量や図形、標識や文字などに親しむ体験を重ねたり、標識や文字の役割に気付いたりし、自らの必要感に基づきこれらを活用し、興味や関心、感覚をもつようになる。
(9) 言葉による伝え合い　先生や友達と心を通わせる中で、絵本や物語などに親しみながら、豊かな言葉や表現を身に付け、経験したことや考えたことなどを言葉で伝えたり、相手の話を注意して聞いたりし、言葉による伝え合いを楽しむようになる。
(10) 豊かな感性と表現　心を動かす出来事などに触れ感性を働かせる中で、様々な素材の特徴や表現の仕方などに気付き、感じたことや考えたことを自分で表現したり、友達同士で表現する過程を楽しんだりし、表現する喜びを味わい、意欲をもつようになる。

Step3

1. 保育者との安定した信頼関係を育てる

　保育所保育指針（2017（平成29）年改定）の第2章保育の内容、「1　乳児保育に関わるねらい及び内容」「(1)　基本的事項」には、「特定の大人との応答的な関わりを通じて、情緒的な絆が形成される」とある。また、「(2)　ねらい及び内容」のイ「身近な人と気持ちが通じ合う」には、「受容的・応答的な関わりの下で、何かを伝えようとする意欲や身近な大人との信頼関係を育て、人と関わる力の基盤を培う」とある。さらに、「2　1歳以上3歳未満児の保育に関わるねらい及び内容」の「(2)　ねらい及び内容」のイ「人間関係」の「(ｳ)　内容の取扱い」には、「保育士等との信頼関係に支えられて生活を確立するとともに、自分で何かをしようとする気持ちが旺盛になる時期であることに鑑み（中略）愛情豊かに、応答的に関わり、適切な援助を行うようにすること」とある。

　養育者や保育者による受容的で応答的なかかわりは、大人との情緒的なこころの絆すなわち愛着（アタッチメント）を形成し、子どもの信頼関係を育てると考えられる。愛着（アタッチメント）は、特定の大人とのかかわりのなかで形成されるが、特定の大人には、養育者だけでなく、多くの時間を共有する保育者もその対象になる。子どもは、自分が表現すれば、受け入れてくれる、対応してくれるという経験を繰り返しもつなかで、愛着（アタッチメント）が形成され、人に対する基本的な信頼感が育つと考えられる。

　このようなことから、保育所保育指針における3歳未満児の保育において、愛着（アタッチメント）や安定した信頼関係の形成を保育の基本ととらえ、重視している。

　3歳未満児、特に0歳児、1歳児クラスの保育においては、愛着（アタッチメント）や安定した信頼関係の形成を重視するための保育方法の1つに、「担当制」がある。「ゆるやかな担当制」、「育児担当制」等複数の呼び方があるものの、「担当制」は、基本的には生活の場面である食事・排泄・寝かしつけ、子どもの受入れ、保護者の対応、連絡帳を担当保育士が行なう保育方法であることは同じである。「担当制」を採用することで、愛着（アタッチメント）や安定した信頼関係の形成に効果があり、保育の質の向上にもつながると考えられている。しかしながら、「担当制」の意義や保育方法へ理解不足があり、「担当制」を採用している園は多くはない。保育方法への周知を図り、多くの園が「担当制」を採用できる環境をつくっていくことが求められている。

2. 生涯の学びを支える「非認知的な能力」を育てる

　「非認知能力」は、「社会情動的スキル」とも表現され、IQなどで数値化される認知能力以外のスキルを指すものである。特に、興味・関心をもったり、物事に挑戦しようとしたり、意欲的に粘り強く物事に取り組んだり、仲間と協力して物事を進めたりする力や姿勢のことを指している。幼稚園教育要領・保育所保育指針では、「資質・能力」の3つの柱、特に「学びに向かう力」と表現されているものである。

　近年、非認知能力は、世界中で研究が進み、その重要性が認識されるようになった。認知能力の土台となる非認知能力が生涯をよりよく生きるために重要であり、非認知能力は乳幼児期から小学校低学年に育成することに効果があるという研究成果が出てきたことがその理由である。日本の幼児教育は、これまでにも「心情・意欲・態度」と表現され、非認知能力の一端を育成することを大切にしてきた。改訂・改定された幼稚園教育要領・保育所保育指針では、「心情・意欲・態度」の領域を広げ、粘り強さや挑戦する気持ち等を含めた非認知能力の育成を重視している。

　また、非認知能力は、認知能力とからみ合うことで、効果的に育成されていくものである。興味・関心をもち、意欲的に物事に取り組むことが、さまざまなことに気づいたり、工夫したり創造したりすることにつながり、認知能力も高まると考えられるからである。ということは、子どもが興味・関心をもてるように、保育者が保育環境を整えることで、非認知能力や認知能力は高めることができると考えられる。

　幼稚園教育要領、保育所保育指針および小学校以上の学習指導要領の改定・改訂に伴い、乳幼児期から大学までに一貫して資質・能力を育成するという方針が示された。乳幼児期に培う非認知能力は、小学校以降の主体的な学びの土台として位置づけられている。このようなことからも、今後ますます、小学校側が、乳幼児期の育ちを受け止めて、学びを発展していくという発想が必要になる。

参考文献
- 無藤隆編著『10の姿プラス5・実践解説書』ひかりのくに，2018．
- 無藤隆編『育てたい子どもの姿とこれからの保育』ぎょうせい，2018．
- 汐見稔幸『さあ、子どもたちの「未来」を話しませんか』小学館，2017．

COLUMN　幼児期の育ちを小学校につなげる

　「45分座っていることができる」、「立ったまま靴をはくことができる」、「自分の名前をひらがなで書くことができる」、「発言したいときは手をあげ、指されてから発言する」、「給食は○○分で食べ終えるができる」などは、小学校入学前にできるようにしておいてほしいこととして、見聞きしたことがある。

　2017（平成29）年に、保育所保育指針や幼稚園教育要領とともに、小学校学習指導要領も改訂になった。小学校学習指導要領には、小学校低学年は、幼児期の教育を通じて身に付けたことを活かしながら教科等の学びにつなぎ、児童の資質・能力を伸ばしていく時期であることが示されている。さらに、小学校においては、幼児期の終わりまでに育ってほしい姿をふまえた指導を工夫することにより児童が主体的に自己を発揮しながら学びに向かい、幼児期の教育を通して育まれた資質・能力をさらに伸ばしていくことができるようにすることが重要であることも示されている。

　保育園や幼稚園から小学校に、子どもたちが無理なく、滑らかに移行していくための「接続期のカリキュラム」は、適切な理解をもとにした工夫が求められている。「幼児期の終わりまでに育ってほしい姿」を手掛かりにしながら、保育園や幼稚園の保育者、小学校の教諭、保護者が子どもの姿や育ちを共有することを通して、上述のような一方通行の発信を防ぎたいものである。

（齊藤多江子）

第4講

教育と子ども家庭福祉の関連性

　少子高齢化、核家族化、都市化、グローバル化が著しい今日、教育と子ども家庭福祉がかかえる課題や解決手段はとても接近し、重なり合うことも多くなっている。幼稚園・保育所に加え、幼保連携型認定こども園の新設・普及もその一例である。本講では、教育と子ども家庭福祉の関連について、児童福祉法の理念・子ども家庭福祉の考え方、子ども子育て支援新制度・幼稚園・保育所と小学校の接続、育ちの連続性を中心に考えていこう。

Step 1

1. 児童福祉法と保育士

児童福祉法の理念

　教育と子ども家庭福祉との関連をみる前に、児童福祉の理念を確認しておこう。

　日本国憲法は、第25条において、すべての国民が健康で文化的な最低限度の生活を営む権利を保障されるとともに、すべての生活部面について、社会福祉、社会保障、公衆衛生の向上と増進に努めることを国に求めている。この規定をもとにして、わが国の児童福祉は整備されている。

　また、教育基本法が定められた1947（昭和22）年に、児童福祉を支える基本法である児童福祉法も制定され、翌年1月から施行された。当時、終戦直後の混乱のなかで、戦争で親を亡くした孤児の保護が最大の課題であった。現在、児童福祉法第1条では、「全て児童は、児童の権利に関する条約の精神にのっとり、適切に養育されること、その生活を保障されること、愛され、保護されること（中略）その他の福祉を等しく保障される権利を有する」ことを定め、わが国の児童福祉の基本理念としている。

さまざまな児童福祉施設

　児童福祉の理念や児童福祉法等の法令に基づいて、国または都道府県・市区町村が、子どもやその保護者等の福祉にかかわる事業を行うために設置したのが児童福祉施設である。児童福祉施設は、子どもやその保護者等に適切な環境を提供し、養育、保護、訓練、育成、自立支援を通して、子どもの福祉を図るところであり、児童福祉法では次の12種類の施設を定めている。

> ①助産施設、②乳児院、③母子生活支援施設、④保育所、⑤幼保連携型認定こども園、⑥児童厚生施設、⑦児童養護施設、⑧障害児入所施設、⑨児童発達支援センター、⑩児童心理治療施設、⑪児童自立支援施設、⑫児童家庭支援センター

　また、児童福祉施設は、社会福祉法に定める第1種社会福祉事業と第2種社会福祉事業に分けられる。そのほとんどが第1種社会福祉事業であるが、助産施設、保育所、児童厚生施設、児童家庭支援センター、幼保連携型認定こども園は通所型施設や在宅福祉事業であり第2種社会福祉事業となっている。

児童福祉施設の1つである保育所

　児童福祉施設の1つである保育所は、児童福祉法第39条に「保育を必要とする乳児・幼児を日々保護者の下から通わせて保育を行うことを目的とする施設」と明示されている。特に必要がある場合には、「保育を必要とするその他の児童を日々保護者の下から通わせて保育することができる」と規定されている。自治体や社会福祉法人等によっては、名称を保育園と名乗っているところもあるが、児童福祉法に規定された児童福祉施設としての名称は保育所である。

　また保育所は、その保育内容の基準を示す保育所保育指針に、児童福祉法第39条に基づき「保育を必要とする子どもの保育を行い、その健全な心身の発達を図ることを目的とする児童福祉施設であり、入所する子どもの最善の利益を考慮し、その福祉を積極的に増進することに最もふさわしい生活の場でなければならない」とされているのである。さらに保育所は、前述した目的を達成するために、保育に関する専門性を有した職員たちによって、家庭との連携を図りながら、子どもの発達をふまえ、「保育所における環境を通して、養護及び教育を一体的に行うことを特性」としているのである。

　つまり、児童福祉施設である保育所は、就学前の乳幼児や児童に対して、保育という養護と一体となった教育を行う生活の場なのである。

福祉職としての保育士

　児童福祉施設である保育所には、保育士、嘱託医、調理員（調理業務の全部を外部委託している場合は除く）をおかなければならないとされている。さらに保育士は、乳幼児の年齢ごとに、その配置人数も定められており、保育所における主たる職員といえるのである。

　また保育士は、「保育士の名称を用いて、専門的知識及び技術をもって、児童の保育及び児童の保護者に対する保育に関する指導を行うことを業とする者」と児童福祉法第18条の4に規定されている。保育士は「保育士」という法定資格を有し、児童福祉の専門的知識や技術、判断をもって、今日の子どもやその保護者に対するセーフティネットとしての機能を果たすことが求められている。

　保育士は、その多くが保育所に勤務するため、保育所で働くための資格と思われがちだが、保育士を必要とする社会福祉施設も数多くあるので以下にあげる。

① 保育士をおかなければならない施設

保育所、児童養護施設、福祉型・医療型障害児入所施設、福祉型・医療型児童発達支援センター、児童心理治療施設
② おかなくてはならない職員に代えて保育士をおくことのできる施設
　　　乳児院（看護師に代えて）
③ 保育士資格が、おかなければならない職員の資格の1つとなるもの
　　　母子生活支援施設（母子支援員）、児童厚生施設（遊びを指導する者）、児童自立支援施設（児童生活支援員）

2. 児童福祉から子ども家庭福祉へ

子ども家庭福祉

　これまでわが国では、福祉にかかわる問題は、個人の生活の仕方から起こるのであり、基本的には個人や家族の問題とされ、公的サービスに頼ることは恥ずかしいことと考える傾向があった。しかし近年、このような福祉観が否定されるようになってきており、問題発生の原因を個人ではなく社会的な問題としてとらえ、その対応についても、行政が当事者の必要とするサービスを提供するように変わってきたのである。

　児童福祉の分野でも、個々の子どものかかえる課題が家庭や社会の影響を大いに受けていることに鑑み、子どもと家庭がかかえる問題を包括的にとらえなければならないという考え方に変化してきた。そこで、従来の「児童福祉」という用語から、新たに「子ども家庭福祉」という用語を使うことで、福祉観の変換を積極的に図るようになった。新しい保育士養成課程でも、従来の「児童家庭福祉」という科目が「子ども家庭福祉」に改められた。この背景には、少子高齢社会の進行、地域社会の変容、子育てへの不安の増大、子育てしながらも自分の生活スタイルを維持したい親の増加等の社会的背景や、児童の権利に関する条約にみられる子どもを権利の主体とする子ども観の影響がある。

自己決定の重視と「子どもの最善の利益」の保障

　教育と子ども家庭福祉の関係性が問われるようになったのは、学校で不適応を起こす子どもや自尊感情の低い子どもが増え、いじめや暴力、虐待等の社会問題が深刻になってからである。1980年代に登校拒否と呼ばれていたその状況は、数の増加とともに不登校と名称が改められ、その原因が多角的に探られるようになった。

その過程で、不登校の子どもを学校に戻そうとするよりは、本人の求めていることを重視し、学校へ行かなくても成長できるシステムの構築も必要であるとの認識も生まれてきた。不登校児への支援も、学校へ戻るのが一番よいという1つの答えではなく、子どもへ正確な情報を提供したうえで、学校へ戻る、フリースクールへ通う、家庭で過ごしながら勉強をするといった複数の選択肢のなかから子ども自身の選択に任せるという方向へ大きく転換していったのである。

1989年に国連で採択された児童の権利に関する条約に、わが国も1994（平成6）年に批准すると、子どもの権利に関する研究が盛んになった。同条約は、子どもが1つの固有の人格であることから、子どもの意見表明権、思想信条の自由、表現の自由などを認めたところに大きな特徴がある。保護・育成される権利だけではなく、子どもの主体的な言動を尊重し、能動的権利を認めたのである。また、子どもへのかかわりにおいては、「子どもの最善の利益」を考慮することが明確化された。

わが国の福祉では、個人が可能な限り自立を獲得することを重要視している。自立の原則は自己決定と自己実現を子どもが獲得することにあり、子ども自らが人間らしい生き方の選択をすることを大切にしている。このように学校での不適応やいじめ問題、「子どもの最善の利益」の保障を通して、教育と子ども家庭福祉の問題とその対応のあり方が急接近してきたのである。

教育と子ども家庭福祉との関連

教育は、単に学校だけで行われるものではなく、家庭や地域社会が教育の場としても十分な機能を発揮することで、子どもの健やかな成長が望めるのである。しかし、近年の都市化や核家族化、少子化、地域における人間関係の希薄化などを背景として、家庭や地域社会の教育力の低下が指摘されている。

また、都市化や核家族化などの進行により、祖父母をはじめ親類や近所の人たちに子育てを助けてもらうことが困難になっており、子育てへの不安やストレスを強く感じている親が増えてきている。これは、子どもの健全な成長・発達を阻害するばかりではなく、ゆがんだ親子関係や児童虐待などを引き起こす要因にもなっている。そこで各市区町村では、地域子育て支援拠点（地域子育て支援センターなど）を中心として、育児不安に関する相談指導・育児支援、子育てサークルの育成・支援などさまざまな施策が実施されているのである。

家庭における教育力の向上、地域社会における子育て支援の充実、幼児期から児童期への一貫した育ちの流れ、子どもたちの健やかな成長・発達を保障するには、教育と子ども家庭福祉が連動し途切れることなく行われる必要がある。

Step 2

1. 新たな子ども・子育て支援

少子化対策と省庁を越えた連携

　1990（平成2）年の「1.57ショック」を契機として、国は本格的に少子化対策に乗り出すこととなった。1994（平成6）年には、文部・厚生・労働・建設の4大臣合意による「今後の子育て支援のための施策の基本的方向について（エンゼルプラン）」がまとめられ、「緊急保育対策等5か年事業」等により、子どもを産み育てる環境の整備計画が策定された。子どもに関するさまざまな問題への対応が社会的な課題となってきたため、次世代を担う子どもが健やかに育つための環境づくりの推進を、省庁の垣根を越えて横断的に行うことになった。

　1998（平成10）年、教育行政と厚生行政が緊密に連携し、効果的な施策の実現をめざして、教育・児童福祉施策連携協議会が設置された。この協議会では、子どもと家庭を支援するための文部・厚生両省（当時）の共同行動計画が議題となり、連携施策として、①家庭における教育・子育て支援の充実、②地域における子どもの健全育成、③幼稚園と保育所の連携促進、④学校等における子どもの健康を守る取り組み、⑤障害のある子どものための連携等が議論された。

　1999（平成11）年には、大蔵・文部・厚生・労働・建設・自治の6大臣合意による「重点的に推進すべき少子化対策の具体的実施計画について（新エンゼルプラン）」が策定された。2003（平成15）年には、議員立法による「少子化社会対策基本法」や「次世代育成支援対策推進法」が制定され、自治体や企業なども含め、社会全体で子育てを支えていくことがめざされた。

　2004（平成16）年に、中央教育審議会から「就学前の教育・保育を一体として捉えた一貫した総合施設」が提言された後、2006（平成18）年に就学前の子どもに関する教育、保育等の総合的な提供の推進に関する法律（以下、認定こども園法）が成立・施行された。認定こども園は、幼保の機能を一体化することで効率的な運営を行うとともに、親の就労の有無や就労形態にかかわらず、多様な保育ニーズに柔軟に対応できる施設とされた。同年には、「少子化社会対策大綱」が閣議決定され、その具体的実施計画として、「子ども・子育て応援プラン」が策定された。2010（平成22）年には「子ども・子育てビジョン」が閣議決定され、「少子化対策」から「子ども・子育て支援」へと施策の転換が図られた。2012（平成24）年には「子ども・子育て支援法」をはじめとする子ども・子育て関連3法が成立し、2015（平成27）年に本格実施された。その翌2016（平成28）年には「ニッポン一億総活躍プ

ラン」が閣議決定され、子育て支援や働き方改革などを推進している。

子ども・子育て支援新制度

　「子ども・子育て関連３法」を軸とした新たな子育て支援のしくみは、「子ども・子育て支援新制度」と呼ばれており、幼児期の学校教育や保育、地域の子育て支援の量的拡充や質的向上が総合的に進められていくことが期待され、2015（平成27）年から本格スタートしている。
　その特徴は、①認定こども園、幼稚園、保育所ごとに分かれていた財政支援の方法を、「施設型給付」を創設して一本化する、②新たに「地域型保育給付」を設け、小規模保育、家庭的保育、居宅訪問型保育、事業所内保育の４事業について財政支援を行う、③認定こども園法の改正により、新たな「幼保連携型認定こども園」をつくる、④すべての子育て家庭を対象に市町村が行う事業を「地域子ども・子育て支援事業」として法律上に位置づけ、財政支援を強化して拡充を図る等である。

幼保連携型認定こども園

　教育基本法第４条では「すべて国民は、ひとしく、その能力に応じた教育を受ける機会を与えられなければならず」と教育の機会均等が明記され、児童福祉法第１条には「全て児童は、（中略）適切に養育されること、その生活を保障されること」と定められている。しかし現在、就学前の子どもたちは、家庭の経済状況、親の就労状況、親の教育への意識、幼稚園や保育所等の設置状況により、幼稚園や保育所、認可外保育施設に通う子ども、いずれにも通わない子どもに分かれている。
　教育基本法や児童福祉法の理念を実現し、子どもの最善の利益を保障するために、幼保一元化が長い間求められてきた。そして近年、保育所が選択的利用方式に移行するなかで幼稚園との共通点が増え、都市部では幼稚園に空きがあるものの保育所へ入所できない待機児童の増加、地方では少子化に伴い幼稚園・保育所に定員割れが生じるといった現象が起きてきた。これらを背景にして、2006（平成18）年６月「認定こども園法」が公布され、同年10月から認定こども園が実現した。
　2015（平成27）年４月施行の子ども・子育て支援新制度の一環として「認定こども園法」が改正され、学校および児童福祉施設の両方の法的位置づけをもつ単一の認可施設（学校および児童福祉施設）としての幼保連携型認定こども園がつくられた。この園は、認可や指導監督、財政措置を一本化することで二重行政による問題を解消するとともに、既存の幼稚園や保育所からの移行は義務づけず、制度の促進を図ることとした。また、保育の質の向上は、学校教育機能と児童福祉機能の双方

が連動しつつ進展することを重視して、設置主体は国、地方自治体、学校法人、社会福祉法人とし、株式会社等の参入を不可とした。

　幼保連携型認定こども園で働く保育者を保育教諭（任用資格）という名称とし、幼稚園教諭免許状と保育士資格の併有を必要とした。移行措置として2015（平成27）年度から5年間は、幼稚園教諭免許状または保育士資格のどちらか一方の取得でも勤務できるとし、特例措置として、一定の実務経験のある該当者はその間にもう一方の免許や資格の授業を8単位修得することで、両資格取得が可能になるようにした。保護者の就労形態や保育時間にかかわりなく、同じ資格要件を有する専門職による保育がめざされ、両資格を併有することが推奨されてきているのである。

2. 保育所・幼稚園・小学校の連携や接続

幼稚園と保育所の連携

　地域社会のなかで、幼児期の教育センターあるいは子育ての拠点としての役割を期待されるようになり、ますます幼稚園と保育所は各々の連携が求められている。学校としての幼稚園と児童福祉施設である保育所には、その目的や役割に違いがある。しかし、就学前教育を担う機関として、子どもの育ちの連続性を保障する協力と連携が求められているのである。

　具体的には、幼稚園教育要領および保育所保育指針の3歳以上児の教育におけるねらいや内容の整合性を図ったことによる教育内容・保育内容の整合性の確保、施設の共用化、保育教諭に向けての幼稚園教諭免許状・保育士資格併有の促進、合同研修等が実施されている。

幼稚園・保育所と小学校の接続

　今日、小学校1年生の教室で起きている「学級がうまく機能しない状況」（小1プロブレム）に代表される幼稚園・保育所の教育と小学校教育の接続の段差が大きな問題になっている。幼稚園教育要領や保育所保育指針には、幼稚園は「小学校以降の生活や学習の基盤の育成につながる」、保育所は「その後の生活や学びの基礎」とそれぞれ幼保小の接続を明記している。また、ほとんどの地方自治体では、幼保小接続の重要性を認識しているとされるが、その取り組みは十分に実施されているとはいえない状況にある。その理由は、接続を具体化することが難しい、幼保小の教育の違いについて十分に理解していない、接続した教育課程に積極的ではない等

の理由があげられる。

　現在、小学校の生活科の工夫等にみられるような教育内容の接続、合同研修や人事交流、幼小の教員免許状の併有による人事面の接続、幼小一貫教育等の制度面の接続がある。これからの幼稚園・保育園と小学校との円滑な接続については、互いの教育を理解し、見通すことがますます重要と考えられる。幼稚園や保育所が小学校の前倒し教育をするのではなく、就学前と小学校の教育のあり方や教育課程の考え方・編成方法の違いをそれぞれ尊重し、発達段階に応じつつ、積み上げていくものでなくてはならない。そのためには、幼稚園・保育所・小学校が、それぞれの教育や保育を充実させ、質の向上を図ることが大前提となる。

　また、幼児期と小学校の教育活動をつながりでとらえる工夫が必要である。遊びを通しての学びと各教科の授業を通じての学習という違いがあるものの、双方が接続を意識する期間を「接続期」としてとらえ、授業時間や学習空間の工夫がすでに行われている。例えば、保育所では年長児の午睡を行わないようにしたり、時間を意識した生活をするなどのアプローチカリキュラムを導入したり、小学校では45分授業を1モジュール15分に分割した時間割編成の試行、小学校低学年において大単元から徐々に各教科に分化するスタートカリキュラムの編成が期待されている。

放課後児童健全育成事業（放課後児童クラブ）と放課後子ども教室

　保護者が就労等のため昼間に家庭を不在にする場合、子どもが小学校入学後には保育所に代わる家庭補完保育が必要となる。これは、児童福祉法に放課後児童健全育成事業（放課後児童クラブ）と規定されており、従来は学童保育と呼ばれることが多かった。この事業は、保護者が就労している10歳未満の児童に、学校の余裕教室や児童厚生施設（児童遊園、児童館等）において健全な遊びを与えて健康・情操を豊かにすることを目的としているが、10歳以上の子どもの参加を妨げるものではなかった。2014（平成26）年には、共働き家庭の増加、少子化社会の子ども育成施策として、子ども・子育て支援新制度では放課後児童クラブの拡充策が打ち出された。対象児童も6年生までと明確化され、質と量の両方の充実が求められている。

　一方、小学校では放課後の子どもの安全な活動場所を確保するとして、放課後子ども教室推進事業（2014（平成26）年からは放課後子供教室推進事業）が行われている。これも学校の空き教室などを活用して行われるため、放課後児童クラブとの連携や一体的な運用が進められてきた。子ども・子育て支援新制度では「放課後子ども総合プラン」により事業の拡充が進められた。2019年度以降は「新・放課後子ども総合プラン」により、待機児童の解消を目指すことになっている。

Step3

1. 少子化対策と教育の広がり

子ども・子育て応援プラン

　2004（平成16）年に「少子化社会対策大綱」の具体的な実施計画として策定されたのが「子ども・子育て応援プラン」である。このプランにある教育関連施策としては、子どもを産み育てる大人になるための基盤をつくるために、若者の生活基盤の強化を図り、自立をうながすことが求められている。フリーターやニート対策として、職場体験等を通じたキャリア教育やインターンシップの推進があげられた。

　また、たくましい子どもの育ちがめざされている。自然体験や社会体験、ボランティア活動や地域での活動を通じて自立や豊かな人間性の形成をうながすことが重視されている。経験の不足がもたらすさまざまな問題は、体力や運動能力といった身体的な問題にとどまらず、達成感や自尊感情の低下にも影響する問題でもある。

中高生の保育体験

　「子ども・子育て応援プラン」では、将来親となる中高生が乳幼児とふれ合うことで、子育てに肯定的なイメージを抱くことをねらいとしている。乳幼児とのふれあいの機会は2つある。1つは職場体験活動で保育所や幼稚園等を選択した場合であり、もう1つは中学校の家庭科の授業で、現在は保育実習が必修となっている。

　子ども時代にきょうだい、親戚、近所の子どもの面倒をみる等、子どもに接した経験が多い人ほど、子育てを楽しいと感じるといわれている。保育所や幼稚園等には、中高生が幼い命とふれ合い、将来の子育てに対する肯定感を高めるような体験学習に貢献することが期待されている。近年、保育者養成校への進学を希望する高校生には、中高生時代に保育所や幼稚園等での職場体験での経験がきっかけとなったことを志望理由にあげる者も少なくない。

2. 育ちの連続性

「学習の芽生え」

　「学習の芽生え」とは、身体感覚を伴う多様な活動を通じて「豊かな感性」や「好奇心」、「探究心」を培い、小学校の教科学習について実感を伴って深い理解につながる後伸びする力をいう。幼児教育や保育における遊びのなかで育つものを、小

学校教育とのつながりから考え、それを伸ばすことである。「学習の芽生え」を育てるには、毎日の遊びのなかで子どもが経験していることを読み取ることが重要となる。保育者は、鬼ごっこという遊びから、子どもの身体的な発達だけではなく、言葉のやりとりや作戦をたてる姿に知的な育ちがあることを把握し、そうした育ちを子どもにもたらす指導計画を立案、実践することが求められるのである。

協同的な学び

協同的な学びとは、保育者の援助のもとで、幼児同士が共通の目標に向かって協力、工夫しながら、問題の解決を図っていく活動から学ぶことをいう。小学校入学を控えた年長には、協同性を育てる遊びを取り入れた保育が求められている。例えば、ウサギを分けてもらったことをきっかけに、子ども同士で話し合う。さらに、ウサギを飼うことにしたら、どのような小屋にするのかを考え、手分けして材料を集め、製作に取り掛かる。こうした協同的な学びは、小学校低学年の生活科の学習に深く結びつき、集団のなかで意欲的に学ぼうとする姿につながってくる。生活科では、幼小の円滑な接続を図る観点から、小学校教諭と保育者の相互交流を通して、協同的な学びの連続性を確認し、異年齢での教育活動を促進していく必要がある。

道徳性の芽生え

幼稚園教育要領の第2章中の「人間関係」のなかで、道徳性の芽生えを培うには、他の人とのかかわりや葛藤を通して、他人の存在や思いに気づき、折り合いをつける体験をして、自分の気持ちを調節する力が育つようにすることが望まれている。他者の思いに気づけるようになるのは5歳前後と考えられているので、その前段階として、幼児期の子どもは保育者に自分の気持ちをしっかりと受け止めてもらい、信頼し合うなかで自尊感情や自己肯定感が育ち、他者の喜びや悲しみに共感できるようになり、相手に思いやりをもって接したり、自分ががまんしたりすることができるようになる。それが規範意識の育ちへとつながっていくものと考えられる。

小学校では、2015（平成27）年3月に学習指導要領が一部改正となり、道徳が特別な教科として位置づけられた。2018年度より教科書を使用しての授業開始となるが、幼児期の人への愛着や自尊感情、共感や思いやり、規範意識や生命の尊厳を実感できる体験との連続性が重視されてこよう。保育者の言動は、子どもの人間形成に大きな影響を与えるため、子どもの人格を尊重して保育にあたること、豊かな感性と愛情をもって子どもとかかわること、倫理観をもって自らの人間性や専門性の向上に日々努めることが、これまで以上に望まれるのである。

参考文献

- 文部科学省編『幼稚園における道徳性の芽生えを培うための事例集』ひかりのくに，2001．
- 国立教育政策研究所教育課程研究センター『幼児期から児童期への教育』ひかりのくに，2005．
- 小宮山潔子『幼稚園・保育所・保育総合施設はこれからどうなるのか』チャイルド本社，2005．
- 菱田隆昭編『新時代の保育双書 幼児教育の原理 第2版』みらい，2009．
- 秋田喜代美・西山薫・菱田隆昭編『新時代の保育双書 今に生きる保育者論 第2版』みらい，2009．
- 小林宏己編著『小1プロブレムを克服する！幼小連携活動プラン──考え方と実践アイディア』明治図書，2009．
- 北野幸子編著『シードブック 子どもの教育原理』建帛社，2011．
- 内閣府文部科学省厚生労働省『幼稚園教育要領 保育所保育指針 幼保連携型認定こども園教育・保育要領＜原本＞』チャイルド本社，2017．
- 山縣文治編『やわらかアカデミズム・＜わかる＞シリーズ よくわかる子ども家庭福祉 第9版』ミネルヴァ書房，2014．
- 松本峰雄・小野澤昇編著『はじめて学ぶ社会福祉』建帛社，2014．
- 保育福祉小六法編集委員会編『保育福祉小六法 2018年版』みらい，2018．
- 新保育士養成講座編纂委員会編『改訂2版 新保育士養成講座③ 児童家庭福祉』全国社会福祉協議会，2015．
- 無藤隆・北野幸子・矢藤誠慈郎『増補改訂新版 認定こども園の時代──子どもの未来のための新制度理解とこれからの戦略48』ひかりのくに，2015．

第5講

人間形成と家庭・地域社会

　本講では、子どもの育ちや教育において、家庭や地域が果たす役割について考える。まず、教育基本法や保育所保育指針に表れる、家庭教育や地域の教育力の意味について学ぶ。そのうえで、教育資源として家庭や地域をとらえ、保育所がそうした教育資源をどのように活用できるかを考えていく。さらに、現在行われているさまざまな取り組みについて紹介する。

Step 1

1. 教育基本法や保育所保育指針と家庭、地域社会

人間形成の過程

　人は生涯にわたってさまざまな経験を重ね、それらの経験を通して学んだことを吸収し「自分」を再構成していくと考えられている。私たちは、さまざまな人や経験と出会いながら育ち、周りの社会とかかわりながら自分を確かめ、迷い、成長している。子どもを育てている親もまた、"親になる"という人生の節目を迎え、新たな役割を引き受けることで人間形成を重ねているのだといえる。

　生涯発達という視点で考えたとき、人生の最初の時期に、情緒的に安定した状態で身近な大人との信頼関係に支えられながら、豊かな体験を重ねているかどうかが重要な意味をもつ。だとすれば、その体験の場として家庭や地域は、子どもの人間形成のはじまりにあたってとても重要な意味をもつことになる。また、子育て、教育について第一義的な責任が保護者にあるのはいうまでもないが、子どもの成長が進むにつれて、どの子どもも家庭の外の地域、保育所や幼稚園、学校での活動に参加しながら発達していく。子どもが育つ場は多岐にわたっている。

　保育所は乳児期からの育ちを家庭とともに地域のなかで支えている機関である。教育基本法第11条では、「幼児期の教育」について、「生涯にわたる人格形成の基礎を培う重要なものであること」として、そのためには「国及び地方公共団体は、幼児の健やかな成長に資する良好な環境の整備」やその他の方法で幼児期の教育の振興に努めなければならないとされている。保育所には、幼稚園・幼保連携型認定こども園等とともに幼児期の教育を支える役割が求められている。

家庭教育と保育所

　家庭が子どもたちの成長の基盤になるのはいうまでもない。教育基本法第10条には家庭教育について次のように述べられている。

> **教育基本法**
> （家庭教育）
> **第10条**　父母その他の保護者は、子の教育について第一義的責任を有するものであって、生活のために必要な習慣を身に付けさせるとともに、自立心を育成し、心身の調和のとれた発達を図るよう努めるものとする。
> 2　国及び地方公共団体は、家庭教育の自主性を尊重しつつ、保護者に対する学習の機会及び情報の提供その他の家庭教育を支援するために必要な施策を講ずるよう努めなければな

Step1

> らない。

　ここでは、保護者が子どもの教育の責任者であると明確に述べられている。しかし、だれもが最初からスムーズに親としての役割を担う準備ができているものではない。子育てを通して親も親として育つのである。また、きょうだいでも一人ひとり異なる個性をもつ子どもとの出会いを通して、親は親になっていく。子どもは親を選べずに生まれてくるが、親もどのような子どもと出会うか未知の体験のなかで試行錯誤を繰り返しながら子育てに取り組むのである。

　そこで、教育基本法第10条第2項では、その親育ちの過程を国や地方公共団体が、情報提供や学習の機会等を含めて支援すべきであるとしている。例えば、医療や小児保健に関する情報、産前産後教室、離乳食、予防接種の情報、電話相談の窓口、遊びの広場等について、保育士が子育て支援事業の一環としてかかわるものも多い。保育士はその専門性を活かして、保護者の支援を行うことにより、家庭教育の充実にもかかわっているのである。

2. 地域のなかで行われる保育所保育

地域のなかの家庭

　家庭と地域の関係を考えていくには、ブロンフェンブレンナー（Bronfenbrenner, U.）の生態学的システムが有効である。個人を取り巻く社会システムを、身近なものからマイクロ、メゾ、エクソ、マクロシステムの入れ子状の構造をもつものとしてとらえることで、大きな社会と身近なかかわりとの関係をとらえることができる（図表5-1）。家族など日常的に直接かかわる関係を彼は、「マイクロシステム」と呼ぶ。その外側には近所のコミュニティや親戚・親の友人関係、子どもが通う園や学校などを含むメゾシステム、そして地域社会や学校制度等のエクソシステム、そして直接のかかわりは見えにくいが、社会の価値基準を含むマクロシステムがある。社会が子どもに期待していること、親はこうあるべきだという考え、男性と女性の役割分担などの考え方は、エクソシステム、メゾシステムを通して家庭に反映される。

　このように入れ子状の構造のなかに子どもたちがいると考えると、間接的にではあるが、人生の最初からヒトという生物は自分が属する社会のもつ暗黙のルールのもとで行動し、発達していくことになる。また、どのような地域に家庭があるのか

によって、一人ひとりの子どもの経験が異なる。

したがって、家庭を援助する際にも地域の状況と、各家庭が地域とどうかかわっているのかもみていく必要がある。さらには、保育所自体も、保育所がある地域に応じてそのあり方が異なっている。その違いは、必ずしも否定的な意味をもつものではない。子どもの周りの人的、物的環境を活かしていくことが大切なのである。

図表5-1　子どもの周りの社会システム

出典：U・ブロンフェンブレンナー, 磯貝芳郎・福富護訳『人間発達の生態学（エコロジー）——発達心理学への挑戦』川島書店, 1996. をもとに作成。

地域資源と子どもの育ち

　地域にいるさまざまな人々や、町そのもの等保育に活用できるものを、「資源」「リソース」という言葉で表すことができる。近所に住む人たち、日常的に立ち寄る店にいる人たち、通園のときに目にする草花や店先の品物や看板の文字なども環境の1つであり、子どもの育ちに寄与する資源の1つである。

　人格形成の面から考えるとどのような地域資源のなかで育つのが望ましいだろうか。そこに生活する人たちがある程度コミュニティとしてのつながりをもっていて、顔が見える関係があるに越したことはないだろう。住んでいる地域で、子どもが育つ家庭を温かく見守る雰囲気があり、子どもや保護者の表情や様子の変化に気がつき、心配して声をかけてくれるような人がいる。親が病気になったときなど、緊急時に助けを求められるような人間関係がある。徒歩圏に近所の子どもたちと遊べる場所があり、安全に子どもたちの世界が生き生きと展開している。休みの日に気軽に行ける範囲内に祖父母やいとこの家がある。このような環境と人間関係があれば子どもの育ちにとって好ましいだろう。

　ほかにはどのようなことが子どもたちの育ちに影響する地域資源と考えられるだろうか。美術館や児童館、図書館が近くにあり、小さい子どもも利用しやすい文化的な施設があるのがよいと考える人もいるだろう。それよりも自然を満喫できる場所が近くにあることだろうか。すぐに遊びに行ける安全な公園が大事だろうか。田畑等が近くにあり、作物が育っていく様子を見ることができることだろうか。

　当然であるが完璧な地域資源をもつ場所はない。地域の人間関係のつながりは、

地域の価値観の重圧と裏腹であり、密度の濃い人間関係が保護者のストレスになることもある。また、地域資源の是非を短期的に判断することはできない。今はマイナスにみえる事柄も、長期的にみれば子どもの育ちに肯定的にはたらく点もある。

　地域資源は活用できなければないに等しい。地域に科学館があっても、開館時間に行くための交通手段や保護者の時間がなければ、資源として活かすことはできない。自然環境が豊かでも、車やベビーカーの移動で、道沿いの草花を見る機会さえないまま過ごしてしまうことも多い。保護者、保育者をはじめ周囲の大人が地域資源を意識し、子どもとの時間をどのように過ごすかに気をつけていかなければならない。

　さらにいえば、子どもの人間形成のためには、ただよい環境のなかで気持ちよく過ごしているだけでは必要な経験はできない。**図表 5-1**にあるような、複雑な構造をもつ社会の一員として、さまざまなかかわりのなかで葛藤や矛盾と向き合い折り合いをつけていく機会が重要である。マイクロシステムやメゾシステムにあたる家庭や保育所の一員として生活するなかで、友達やさまざまな大人とかかわりながら、社会的な存在として人間形成が重ねられていくのである。

地域のさまざまな特色と保育所

　上記のような状況を考えるうえで、もう一つ考慮すべきことは地域差と保育所の関係である。エクソシステムである地域によって保育所のあり方は異なる。法令上の役割は同じでも、地域によっては、小学校区唯一の保育所として運営されている場合と、近隣にいくつもの保育所が併存している場合とで、地域の人々の保育所へのまなざしは異なるだろう。

　マスメディアや保護者の職場のあり方も、保育所で行われる保育に影響する。1990年代以後、待機児童問題がマスメディアで大きく取りあげられるようになった。以前は各地域の保育ニーズに呼応して、地域で設置されてきた保育所が多く、地域社会とのつながりが深い園が多かった。しかし、地域の変化や都市部での保育所不足により、家庭から離れた園に通園する子どもの割合が増加したり、新設保育所が増加したりする現状を考えると、あらためて「地域のなかにある保育所」としての運営が求められる。

　地域と各家庭のつながりも地域の状況と各家庭の歴史とが相まって多様であることはいうまでもない。地域の人間関係のあり方によって、保育所に求められる一人ひとりの子どもの人間形成を援助するあり方も多様であることを前提に、この後の議論を読み解いてほしい。

Step2

1. 地域社会の変化と保育所

家庭と地域の関係の歴史的変化

　これまでの人間の歴史のなかで、親が育児の責任を常に担ってきたわけではない。一昔前までは、冷蔵庫がなかったために毎日食料を調達し、素材から調理しなければならなかったうえに、コンロのように着火が簡単な調理器具もなかった。季節を問わず豊富な野菜が手に入るわけではなく、また洗濯も家族全員分を手で洗う生活のなかで、今より多くの子どもたちを育てていたのである。当然、祖父母やきょうだい、近所が互いに子どもの面倒をみていたはずである。また子どもたちは、早くから近隣の子ども集団に入り、遊びや行事に参加していただろう。

　今のように家庭のなかに遊び道具が豊富にあったわけではなく、自然のなかで遊んだり、大人の手伝いをしたりしながら、学校のようなフォーマルな場所以外に学び育つ場があったと考えられる。

　つまり、地縁・血縁に基づく人間関係に頼りながら子育てをし、地域の社会集団に任せて、ある意味放任状態で子育てをしていた。一方で、子どもたちは、地域や家庭に必要な労働・作業を責任をもって担う家族・地域の一員であった。多くの作業はいい加減に済ませることが許されないものであり、そのような作業に参加することで、子どもは成長していったのである。

　しかし、高度経済成長以後の日本では、家事労働や生産労働から親たちが解放されると同時に、生活に必要だった人間関係が拡散し、希薄になり、子どもたちが地域社会から学ぶ場が少なくなったと考えられる。1970年代以降に急速に進行した核家族化である。それまでと異なり、親だけで子どもを育てなければいけないという新しい状況が生まれたのである。そして、共働き家庭が増加するにつれて、保育所に支えられながら子育てを行う家庭が増え、乳児のうちから保育所への通園を希望する家庭も増えてきた。1970年代に出生数がピークを迎えたのち、子どもの数が減るにつれて幼稚園でも3歳からの3年保育が主流になっていった。

　一般的にいって、保育所で過ごす子どもたちが地域とかかわる時間は、保育所が積極的に機会を設けない限りは、家庭で育つ子どもに比べて少なくなりがちである。学童期の子どもたちが学校外の地域社会で過ごす時間が、子どもの人格形成にとって重要なのと同様に、日々の保育所での生活のなかで、地域社会の一員として過ごす工夫が大切である。

　加えて、近年子どもたちの生活は大きく変わった。学齢期の子どもの放課後の過

ごし方は大きく変わり、何らかの習いごとや塾に通う子どもが増え多忙感をかかえる子どもの割合が小学校高学年で51.2%となっている[*1]。また、内閣府の調査によれば、大人たちの74.1%が、身近にいる子どもたちが何らかの犯罪に巻き込まれるかもしれないという不安を感じることがあると答えている[*2]。その原因として、メディアの事件報道と併せて地域のつながりの希薄さや習いごと等で子どもの帰宅時間が遅くなっていることが述べられている。

現代の新しい状況のなかで、どのように子どもを育てていくか、その方法を日本社会は試行錯誤をしながら模索している。このような状況のなかで、保育所にはどのような役割が求められるだろうか。

コミュニティとしての保育所の役割

保育所における子どもの生活の中核となるのはクラス集団である。慣れ親しんだ信頼のおける保育者や仲間とのかかわりを生活の基盤とし、生活に必要な作業を手分けしたりしながら取り組んでいくクラス集団は、地域では失われつつある共同体的な子ども集団である。異年齢保育を行っている保育所や、クラス間の交流が盛んな保育所では、さらに多様な子ども同士のかかわりが生まれる。

園全体を1つのコミュニティと考えると、園の行事は地域のお祭りのようにさまざまな人とかかわり、何かをつくり上げたり、同じ時間を共有したりしている機会なのではないだろうか。地域で行ってきた人間形成の過程で必要な経験を、保育所が提供しているともいえる。保育所の玄関先の一角をカフェのような構造にして開放し、送迎の保護者や地域の人が寄り合って話ができる場にしている例もある。園でもともと行っていた夏祭りやクリスマスコンサートを、子育て中の親子はもちろん周辺地域の人も参加できるような工夫を実践している園もある。

安全や立地条件などの違いから、すべての保育所がここに紹介しているような活動を実施できるわけではないかもしれない。しかし、子どもたちがさまざまな世代や立場の人とかかわる機会を増やす取り組みの例として参考にできるだろう。

[*1] ベネッセ教育総合研究所「第2回放課後の生活時間調査——子どもたちの時間の使い方［意識と実態］速報版」
　　http://berd.benesse.jp/up_images/research/2014_houkago_all.pdf
[*2] 内閣府「『子どもの防犯に関する特別世論調査』の概要（2006年）」http://survey.gov-online.go.jp/tokubetu/h18/h18-bouhan.pdf

2. 教育資源としての家庭や地域

教育資源としての地域を活用する

　2017（平成29）年に示された幼保連携型認定こども園教育・保育要領の第1章第2の2「指導計画の作成と園児の理解に基づいた評価」の、「(3)指導計画作成上の留意事項」が列挙されている。そのコにおいて家庭や地域と指導の関係が述べられている。

> コ　園児の生活は、家庭を基盤として地域社会を通じて次第に広がりをもつものであることに留意し、家庭との連携を十分に図るなど、幼保連携型認定こども園における生活が家庭や地域社会と連続性を保ちつつ展開されるようにするものとする。その際、<u>地域の自然、高齢者や異年齢の子どもなどを含む人材、行事や公共施設などの地域の資源を積極的に活用し、園児が豊かな生活体験を得られるように工夫をするものとする</u>。また、家庭との連携に当たっては、保護者との情報交換の機会を設けたり、保護者と園児との活動の機会を設けたりなどすることを通じて、保護者の乳幼児期の教育及び保育に関する理解が深まるよう配慮するものとする。
>
> 注：下線筆者

　すなわち、園での生活は外の社会、家庭や地域社会とつながっていることを前提として考えられている。子どもの生活経験について考えるとき、家庭や地域で過ごす時間も園での時間とともに考慮すべきである。指導計画作成にあたって、地域の資源を活用することが留意事項として取り上げられていることは知っておきたい。

　これまで行われてきた豊かな実践の歴史のなかで、すでに地域資源の活用は積極的に行われてきている。例えば、地域の自然とかかわる「お散歩」は、日本の保育で伝統的に行われてきた実践である。友だちや保育者とのかかわりを楽しみながら、年齢に応じて決められた近所の道を歩く。地域の環境によって、自然に親しみ季節の変化を楽しめるようなコースだったり、顔見知りの人たちにあいさつをしながらお店や郵便局に寄ったり、公園を抜けながら途中の生垣（いけがき）の花を楽しむコースがあるかもしれない。これらのコース上で出会った人や発見したことが、子どもたちの興味（きょうみ）につながり、プロジェクトに発展するかもしれない。

　パーカースト（Parkhurst, H.）が唱（とな）えたドルトン・プランでは、「シティ・アズ・ア・クラスルーム（街を教室として）」という考え方がある。プロジェクト型カリキュラムでも、子どもの興味を引き出したり、興味をもって取り組んでいることを深めたりするために、地域の専門家をまねいたり、博物館に行ったりして、実物に接する経験を大切にする。こうした考え方にも影響を受けながら、マラグッチ

(Malaguzzi, L.)はイタリアのレッジョ・エミリアで独自の教育理念を築いた。その取り組みが2001（平成13）年に日本でも紹介され、本にまとめられている。日本でも類似のさまざまな実践例がある。その１つ、加藤繁美、秋山麻実、茨城大学教育学部附属幼稚園が2005（平成17）年に報告した５歳児の実践は、子どもとの対話をていねいに記録し、子どもの発想が地域でのさまざまな経験で育まれていることが記述されている。例えば、新潟県中越地震の被災地に支援物資を送るための方法を探す子どもたちと保育者は、自分のこれまでの経験や家で聞いてきた情報を根拠に意見を出し合い、ぎんなんを拾って「かっぱぎんなん」と名づけて売り、そのお金で何かを送ろうと決めて動き出す。園の活動と家庭や地域とのかかわりによって、園の活動や遊びがより魅力的で息の長い活動になっている。

教育資源としての保護者

地域の人材として最も身近なのは保護者である。保護者は、子どもたちの親であると同時に、さまざまな技術や知識をもつ人の集団でもある。教育基本法第13条では、「学校、家庭及び地域住民等の相互の連携協力」について、「学校、家庭及び地域住民その他の関係者は、教育におけるそれぞれの役割と責任を自覚するとともに、相互の連携及び協力に努めるものとする」と定められている。それぞれの役割と責任に基づいてどのように協力したらよいかは、各園が保護者に伝えていく必要がある。その際、一方的な押しつけにならないように保護者の意見や感じ方をくみとりながら、さまざまな状況にある保護者がそれぞれの立場で参加しやすいようにしていく工夫が必要だろう。

まず、園での活動内容を日常的に紹介し、子どもたちの言葉や発想を含めて掲示やクラス便り等を通して保護者に伝えておきたい。そのうえで、子どもたちの経験を豊かにしていくために何が必要だと園が考えているか、そしてそれはいつごろ必要なのかを伝えていく工夫が必要である。送迎時も含めて、保護者が園に気軽にかかわれる機会を用意しておきたい。保育者体験を交代で保護者にしてもらい、わが子以外の子どもに、親とは違う立場でかかわる機会を設けるのも有効だろう。子どもの遊びのための環境づくりの手助けを募るのもよいかもしれない。保護者自身の仕事上の専門性や特技を生かして、参加してもらうこともできる。いずれにしても、園に任せるのではなく、ともに子どものためによりよい状況をつくるために協力しているのだという共通理解が必要である。そして、参加方法や機会を多様に用意し、自分の地域や園、クラスではどのような方法が有効であるかを、創造的に考えていく必要がある。

Step 3

1. 地域のなかで育つ子ども──現在行われているさまざまな取り組み

ここでは、保育所という枠を離れて、地域で行われている取り組みを紹介する。

子ども・子育て会議

2015（平成27）年4月から子ども・子育て支援新制度がはじまった。この制度の実施に先駆けて、2013（平成25）年4月から国に有識者、地方公共団体、事業主代表・労働者代表、子育て当事者、子育て支援当事者等が、子育て支援の政策プロセス等に参画・関与することができるしくみとして「子ども・子育て会議」が設置された。

加えて、市町村、都道府県においても地域の子どもの育ちや子育て支援の政策について議論する場として「地方版子ども・子育て会議」の設置が努力義務として求められた。地方によって状況が大きく異なるため、中央政府による画一的な対応策のみでは、地域の状況に見合った有効な打開策を見いだせないからである。この政策に対して、2014（平成26）年2月28日時点の内閣府の調査で、1756団体（98.2％）とほとんどの自治体が設置ずみないし設置予定と答えている[*3]。また、この会議は、計画策定のための審議を行うとともに、その政策の実施状況を調査・審議するなど点検・評価・見直しを行っていく役割も担っていかなければならない。子ども・子育て支援新制度が有効に機能していくかどうかは、これからの各自治体の取り組みにかかっている。

切れ目のない支援──ネウボラ

日本では、妊娠中から出産時は産婦人科医、出生後は小児科医、定期検診は保健師が行い、保育所や幼稚園、認定こども園での支援は独立で受けている。しかし、フィンランドのネウボラ（「アドバイスの場所」という意味の子育て支援事業）では、子どもを中心にして支援の流れが決められる。かかりつけ保健師が出産前から就学までを切れ目なく、すべての子育て家族を対象として支援する。保健師は第二子以降も一貫して特定の家族を支援することで、家族全体を包括的にとらえ、リスクの早期発見・早期支援を実現している。さらに産後のケアを手厚くすることで、ポジティブな子育て経験ができるようにするという。

このしくみを、全国に先駆けて埼玉県や東京都などで取り入れる動きがある。

---

*3 内閣府「地方版子ども・子育て会議の設置状況について」平成26年4月23日

2015（平成27）年度から「わこう版ネウボラ」をはじめた埼玉県和光市の場合は、母子保健相談事業を行う拠点5か所を指定し、母子保健コーディネーターを配置した。そこでは、妊娠期から就学までの母子の健康や子育ての相談に応じ、母子健康手帳を交付している。また体調不良の母親、育児不安の強い人、体調が不安定な赤ちゃん、家族からの支援を受けられない人を対象に、産後ケア事業としてショートステイ、デイケア、訪問型産後ケアを実施している。また、産前産後サポート事業として、産前産後教室をわこう版ネウボラ拠点5か所で行っている。拠点の1つ、南子育て世代包括支援センターの例をみると、そこでは既存の子育てひろば事業、相談事業、一時保育・緊急保育の運営が行われており、これらの支援事業と合わせて家族支援を行っているのが特徴的である。すべての母子が対象であるため、出産をきっかけに既存の子育て支援事業への参加を促進し、家庭教育の充実を図ることができると考えられる。

冒険あそび場、プレーパークづくり

子どもたちが思い切り遊び、挑戦し、失敗できる場所が必要だという考えから、自然素材の豊かな野外環境で子どもたちがその場をつくり替えながら遊べる「冒険あそび場」「プレーパーク」が各地で運営されている。既存の人工的な公園では、子どもが生き生きと育たないのではないかという疑問から起きた運動でもある。

1980年代にはじまった東京都世田谷区の例では、区が冒険あそび場、プレーパークの敷地を用意し、最低限の運営資金を予算化している。日常の運営には地域住民の「世話人」が責任をもってあたる。開園中は、専門職であるプレーリーダーと呼ばれる大人が常駐している。プレーパーク設置の動きは全国に広がっており、常駐のプレーパークを設置できなくても不定期で開催している地域もある。

2. 子どもが自ら育つ力を発揮できる環境づくり

以上の取り組みの主体は、行政主導から市民による草の根の運動までさまざまである。ほかにも、各地でさまざまな取り組みが行われている。地域の力を掘りおこし、子どもが人間として育つ環境をどのようにつくり出していくか。子どもは無力な存在ではなく、生まれたときから社会に参画し、大人とともに生きる自ら育つ力をもった存在である。その力を発揮できる環境づくりについて、さまざまな側面から考えていかなければならない。

参考文献

- 加藤繁美・秋山麻実・茨城大学教育学部附属幼稚園『年齢別保育研究 5歳児の協同的学びと対話的保育（年齢別・保育研究）』ひとなる書房，2005．
- U・ブロンフェンブレンナー，磯貝芳郎・福富譲訳『人間発達の生態学（エコロジー）――発達心理学への挑戦』川島書店，1996．
- 内閣府「「子どもの防犯に関する特別世論調査」の概要（平成18年6月）」 http://survey.gov-online.go.jp/tokubetu/h18/h18-bouhan.pdf
- ベネッセ教育総合研究所「速報版 第2回 放課後の生活時間調査――子どもたちの時間の使い方［意識と実態］」http://berd.benesse.jp/up_images/research/2014_houkago_all.pdf
- 和光市「妊婦・出産包括的支援事業――妊娠期からの切れ目のない支援 わこう版ネウボラ」 http://www.city.wako.lg.jp/home/fukushi/kodomo/ninshin-shussan/neuvola.html
- 渡辺久子・T・タンミネン・髙橋睦子編著『子どもと家族にやさしい社会 フィンランド』明石書店，2009．

第6講

諸外国の教育思想

現代に生きるわれわれは、いまだ近代の論理から抜け出していないといわれている。近代の論理とは、合理と効率を重んじ、身分や生まれではなく能力によって人を判断するような考え方を基盤にしている。この論理は、ヨーロッパで育まれた。能力主義に依拠(いきょ)する近代では、能力を平等に開花させるために、教育が非常に重視される。そこで本講では、近代教育に大きな影響を与えたヨーロッパの教育思想家たちに着目しながら、その思想を解説する。

Step 1

1. 世界ではじめての絵本──『世界図絵』の新しさ

子どもの教育を目的として、世界ではじめてつくられた絵入りの本、それはコメニウス（Comenius, J. A., 写真6-1）の『世界図絵』（1658年）である。子どもの興味をそそる具体的で魅力的な絵、各事物には単語がそえられ、自然に言葉が覚えられる工夫がなされている。ゲーテ（Goethe, J. W.）は、子ども時代の愛読書として『世界図絵』をあげ、他に類書がなく「宝物のような絵本」であったと回想しているという。若きゲーテが心惹かれた『世界図絵』の中味とは、どのようなものであったのか。

写真6-1　コメニウス, J. A.
（1592-1670）

まず、「魂」の項を見てみよう（図表6-1）。最初に気づくことは、「魂は存在する」という前提で描かれていることである。次に、魂は絵に表せないということである。そこで、布に映し出された影として魂が表現されている点が注目される。実体として描かれていないために、かえって子どもの想像力が無限に広がるそのしかけは、数百年を経た今日でも、見る者をはっとさせる。たしかに『世界図絵』は子どものためにつくられたものではあったが、この絵を見ただけで、単に子どもを楽しませるためにつくられた本ではなかったことがわかる。

次に、「節制」の項に目を転じてみよう（図表6-2）。この絵では、ひとりの女性が入れ物から別の入れ物へと液体状のもの（本文の2番「飲み物」）を注いでいる。この図像は、近世において、節制という美徳を表現するときの定番であった。当時の人々は貧しく、ワインを原液で飲むことはまれで、水で薄めて飲んでいたと

図表6-1 「魂」

出典：J・A・コメニウス、井ノ口淳三訳『世界図絵』平凡社, p.111, 1995.

図表6-2 「節制」

出典：図表6-1と同じ, p.255

いう。そこで、酒を薄める行為が転じてぜいたくをいましめる図になったという。この女性の後ろでは、さまざまな放埒（ほうらつ）な行為が描かれている。おそらく、子どもたちの目も釘付（くぎづ）けになったことであろう。赤裸々（せきらら）な事実のもっている衝撃力（しょうげきりょく）、ゲーテの心をとらえて離さなかった理由のひとつが、ここに見て取れる。

『世界図絵』では、いろいろな事物がばらばらに提示されるのではなく、全体として表現されたうえで、個別の事物への着目が行われていた。人間の脳のしくみにぴたりと合致（がっち）した『世界図絵』は、決して古びることのない、最も古くて最も新しい大いなる絵本であるといえよう。

2. 近代と教育——近代教育の父、コメニウスの先駆性

近代とは何か。一言で答えるのはとても難しいが、近代社会の大きな特質として、「身分や生まれによって人を判断するのではなく、能力によって人を判断しようとする態度」があげられるであろう。

コメニウスの主著『大教授学』（1657年）の正式タイトルは、「あらゆる人にあらゆる事柄（ことがら）を教授する普遍的（ふへんてき）な技法を提示する大教授学」である。生まれや性別にかかわりなく、あらゆる人にあらゆることを教えようとした点、これこそがコメニウスが近代教育の父と呼ばれている理由である。あまりの先進性から、コメニウスが正当に評価されたのは約200年後のことであった。

彼が生きた17世紀は、いわゆる三十年戦争（1618〜1648年）によってヨーロッパが焦土（しょうど）と化（か）した時代であった。主戦場は、ドイツとチェコであった。コメニウスの郷里モラヴィア地方は現チェコに位置する。この戦争で、当地の人口の3分の1が死んだともいわれている。戦争の主な原因は、カトリックとプロテスタントの対立、そして、それをきっかけとした国家間の政治および経済的摩擦（まさつ）、特にオーストリアおよびフランス両大国間の争いであった。コメニウスは、この戦争によって故郷を失い、家族（妻と2人の子ども）を失い、書きためていた原稿すべてを失った。

戦後に結ばれたウェストファリア条約（1648年）は、近代の画期点として重要である。というのは、この条約によって、信仰の自由や小さな国々の主権がかなり認められたからである。その背景として、ドイツ統一を国防の観点から恐れたフランスの思惑（おもわく）が大きかったとはいえ、これ以後、自由と権利という思想はゆっくりと社会に浸透（しんとう）し、既存の権威（教会、神聖ローマ帝国、封建的身分制など）は、徐々（じょじょ）に力を失っていった。ドイツ統一を阻（はば）む手段であったはずの自由の思想が、長い時を経て大革命（1789年）となってわが身に降りかかり、フランス王室を滅ぼしたこと

第6講 諸外国の教育思想

は、われわれに深い感慨をもたらす。個人の自由と権利を何よりも重要と考え、能力主義による選別を是とする近代の論理は、公平な選別を可能にする教育を絶対視する。したがって、近代において教育は、信仰の対象になったとすらいえるかもしれない。すべてを失った絶望の果てに、わずかにコメニウスが見出した希望、それが教育の可能性であったことは、ぜひとも記憶にとどめておきたい。

3. ルソーと「子どもの発見」

近代の申し子、ルソー

　17世紀の戦乱と混沌を経て、新しい価値観が誕生し、ゆっくりと成長していった。子どもを純粋で無垢な存在とみなし、愛情と教育の対象としてとらえるような価値観も、17世紀以降、主に富裕層の間で育まれていった。オランダの世紀であった17世紀が過ぎ、18世紀に入ると、世界の覇権はフランスとイギリス両国によって争われた。プラッシーの戦い（1757年）の後、世界の覇権はイギリスによって握られたが、18世紀において、ヨーロッパ宮廷文化の中心はいまだフランスにあった。そのフランスで活躍したのが、スイス（ジュネーヴ共和国）出身の思想家、ルソー（Rousseau, J. J.）であった（**写真6-2**）。

　ルソーは、しばしば「子どもの発見」をした人物として取り上げられる。ところが、彼自身の子ども時代は非常に孤独であった。誕生後まもなく母は死に、時計職人の父は彼が10歳の時に出奔、一生涯ほとんど交流はなかった。不遇な彼の人生を大きく変えたのは、「コンクール」での入選という出来事であった（ディジョンアカデミーの懸賞論文で受賞、『学問芸術論』出版、思想家としてデビュー）。労働者階級出身ながら、ほぼ独力で教養を手に入れて競争に勝ち抜き、時代の寵児となった（と同時に他者との連帯に困難を生じ、孤立感を深めた）という点で、ルソーは能力主義と自由競争を命題とする「近代」の申し子であった。

　ルソーの主著『社会契約論』（1762年）は、18世紀のヨーロッパが生んだ最も重要な作品の1つといわれている。政治社会の成立の根拠から、自然（父権）・神・力（最強者の権利）といった先験的（アプリオリ）に存在するものを排除し、人間の自由意志に基づく約束にのみこれを基礎づけた点で、画期的な作品であった。「すでに始められた人

写真6-2 ルソー, J. J.
(1712-1778)

為」に「完成された人為」を対置するという作品のありよう（批判の形式）は、トマス・モア（Thomas More）の著作『ユートピア』を思い出させる。「完成された人為」を担う人間を、どのように教育すればよいのか、自由で公正な社会を担保する鍵としての「教育」について論じられた本、それが『エミール』（1762年）であった。したがって、『社会契約論』と『エミール』は、2つで1つの作品といってよいであろう。

『エミール』の魅力

　18世紀最大のベストセラーではないかとされるのが、ルソーの『エミール、あるいは教育について』（正式タイトル）である。謹厳な哲学者カントが読書に夢中になり、日課の散歩を忘れたことでも有名である。『エミール』の斬新さは、人間を堕落させる源泉は学問・言語といった文明そのものであるというルソーの考え方を反映して、既存の価値観を生徒に押しつけるような教育法を退けた点にある。文化資本（学歴や教養などの個人的資産）への疑念という発想は、マルクス（Marx, K. H.）に通じるものがある。マルクス主義者が政権を得た後に、知識階級に加えた弾圧を思い出してほしい。確かに排他性という欠点はあるものの、文化資本には大いなる価値が含まれており、それなくしていかに教育をするのかという問題がある。『エミール』に感銘を受け、第二のエミール（エミールとは男子の名前）を育てようとした人々の多くが落胆した。エミールどころか、知性と道徳性に乏しい自己中心的な人間に育ってしまったからである。おそらく、失敗の最大の原因は、道徳教育の開始年齢の遅さにあったと思われる。ルソーはそれを15歳頃に設定した（15歳までの初期教育は、基本的に、物理的＝身体的関係に限定されている）。自分で価値判断ができる年齢になってからがよいというのがその理由であった。しかし、道徳意識は生まれたその時から、愛し愛される経験を基盤として、あらゆる学習と同時に育まれていくものであろう。青年期になってからではいかにも遅すぎる。

　では、『エミール』のすばらしさは何であったのか。イギリス初の「教育学教授」ペイン（Payne, J.）は次のように述べている。

　　『エミール』は、同種の他の本に比べて、ばかげたところ、矛盾点、生硬さなど、より多くの欠点を抱えているものの（中略）人間精神の秘めた可能性と溌剌たる躍動をより深く洞察しており、私が知っている他のどの本よりも、人間精神の能力を開発・訓練しうる「アート」に充ち満ちている[*1]。

[*1] R・オルドリッチ，本多みどり訳『イギリス・ヴィクトリア期の学校と社会――ジョセフ・ペインと教育の新世界』ふくろう出版, p.244, 2013.

第6講　諸外国の教育思想

Step 2

1. フレーベルと幼稚園の誕生

1840年、世界で初めて幼稚園をつくった人物、それがフレーベル（Fröbel, F. W., **写真6-3**）である。彼は、遊びに没頭する子どものなかに神性（神的なもの）を見いだした（フレーベルの父親はルター派の牧師）。神のごとき創造性、それがフレーベルの見いだした子どものもつ最大の力であった。

彼のイメージのなかで、子どもたちは植物であった。幼稚園の設立趣意書の冒頭部分を見ていただきたい。

写真6-3 フレーベル，F.W.
(1782-1852)
出典：荘司雅子監『フレーベル教育学への旅』玉川大学出版部，p.20, 1985.

　　神の保護と経験豊かで洞察のすぐれた園丁の配慮とのもとにある庭においては、植物が自然と調和して育てられるように、このドイツ幼稚園では、人間というもっとも高貴な植物、すなわち人類の萌芽でありまた一員である子どもたちが、自己、神および自然と一致して教育される[*2]（後略）

幼稚園という和訳がなされたために（明治7年初出）、日本人にはあまり意識されていないが、趣意書から明らかなように、フレーベルのイメージのなかではキンダーガルテン（Kindergarten：ドイツ語で「子どもの庭」の意味）は庭園に他ならなかった。このように人間を植物と見立てるフレーベルの人間観は、ヨーロッパの一般的人間観とは対照的といってよいほどに異なっている。

というのは、牧畜文化を基盤とするヨーロッパでは、人間を動物としてイメージする方が一般的だからである。聖書を開けばすぐわかるように、人間は小羊と表現されている。また、教育に関する用語でいえば、トレーニング、カリキュラムといった言葉は、語源的に馬の調教に関係しているという。動物をしつけ、教育するためには鞭が必要である。欧米の伝統的な教育は、教師の指導性を重視し、鞭を当てることも辞さない厳しいトレーニングを行ってきた。原罪を背負った獣として人間を見るのか、あるいは花ととらえるのか、基本的人間観の違いは、いずれ教育観の大きな違いとなって現れる結果になる。フレーベルに顕著な子どもの「植物イメージ」は、ルソーとペスタロッチーにも見られる子ども観であると指摘されている。自ら伸びゆく植物のイメージが、彼らの自主性を重んじる教育観の主張へと連なっていったことは容易に想像されよう。

1851年に幼稚園は、異端的という理由からプロイセン政府によって禁止令が出さ

[*2] 小原國芳・荘司雅子監「幼稚園教育学」『フレーベル全集⑤』玉川大学出版部，p.105, 1981.

写真6-4 フレーベル幼稚園の建物：ブランケンブルクのキンダーガルテンと博物館（石橋哲成撮影）

出典：荘司雅子監，P・ミッツェンハイム，酒井玲子編『写真によるフレーベルの生涯と活動』玉川大学出版部, p.81, 1982.

図表6-3 小さな園丁

出典：写真6-4と同じ。p.102

れた。フレーベルの甥で社会主義者のカール（Karl. Fröbel）が出した著作と彼の著作が混同されたことが、禁止令が発せられた要因と言われている。また、フレーベルは万有在神論的価値観を表明しており、キリスト教の伝統に照らせば「異端」の嫌疑をかけられる可能性は少なくなかった（万有在神論はすべてに神性を認めるため、この世に存在する諸悪にも神性を認めることになり、悪を生じさせたのは神ということになってしまう。したがって、キリスト教において万有在神論は異端とされる）。「誤解である」としてフレーベルは懸命に撤回を求めたが、彼の存命中に禁止令が解かれることはなかった。失意の日々にあっても、子どもたちと無心に遊ぶフレーベルの姿があったと伝えられている。その姿は、世に認められぬ深い悲しみをかかえつつも、人間の教育に一縷の希望をつなごうとする気高い人間のそれであったのではなかろうか。禁止令が出された翌年、フレーベルはこの世を去った。

　フレーベルの幼稚園（**写真6-4参照**）は、1860年に禁止令が解かれて運営が再開された。同幼稚園では、フレーベルが提唱したとおりに子どもたちは自分の担当する花壇をもち、植物の世話をしている（**図表6-3参照**、辻井正監『ベストキンダーガーデン①』参照）。

2. 恩物による教育

　フレーベル幼稚園の教室にはフレーベルが考案した恩物（Gabe＝Gift）が置かれている。しかも、飾られているだけではない。寝ている子どものすぐ手の届くところに、第1恩物の毛糸の玉がゆれている。明らかに子どもたちが直接手にとって遊

ぶこと、恩物から多くを学ぶことが企図されている。フレーベルが考案した恩物とはいかなるものであったか、簡単に解説しよう。まず、恩物の図を見ていただきたい（図表6-4）。恩物は、第1恩物から第20恩物まである。日本では一般的に、第1から第10までが「恩物」、そして第11から第20までが「手技工作」と呼び習わされ、区別されてきた（図表6-5）。

フレーベルは、子どもたちが恩物を通じて宇宙の原理を学び取ることを願っていたとされる。たしかに、宇宙における究極の姿としての「球」が第1恩物であるこ

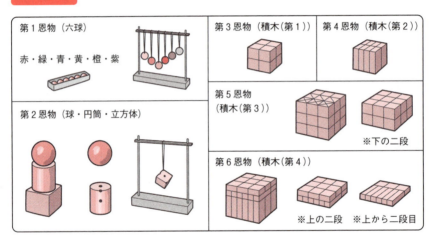

図表6-4　フレーベルの恩物（第1から第6まで）

図表6-5　恩物の種類

	恩物の内容		恩物の内容
第1恩物	六色の球	第11恩物	穴あけ
第2恩物	三体（球、立方体、円筒）	第12恩物	縫う
第3恩物	立方体の積み木	第13恩物	描く
第4恩物	長方体の積み木	第14恩物	組む・編む・織る
第5恩物	立方体と三角柱の積み木	第15恩物	紙を折る
第6恩物	立方体と直方体の積み木	第16恩物	紙を切る
第7恩物	正方形と三角形の色板	第17恩物	豆細工
第8恩物	五種類の木の棒	第18恩物	厚紙細工
第9恩物	金属の輪	第19恩物	砂遊び
第10恩物	豆または小石の粒	第20恩物	粘土遊び

とは象徴的である。第1恩物は6色の毛糸の玉（赤・青・黄・緑・橙・紫）から構成されており、赤い玉は太陽を、青い玉は地球を連想させる。

フレーベルが恩物に込めた思いは、正しく理解されないことが多く、恩物教育は時として形式主義（内容よりも形式を重んじること）に陥ったといわれる。日本におけるフレーベルの継承者、倉橋惣三は、ある時、恩物を形

写真6-5 恩物を使った教育実践：恩物（面取り処理されていないもの）を用いて子どもたちが発案・設計・製作を行った「宮島」（山口県K園）

式的保育の象徴としてゴミ箱に捨て去ったという。形式の模倣に汲々とする保育界への痛烈な批判として重要なエピソードであろう。恩物は飾り棚にしまい込まれることが多く、荘司雅子は「今日まで日本のほとんどの幼稚園にはフレーベルの本来の恩物を見ることはできない」（1982年時点）と批判している。しかしながら、事例は多くないものの、恩物を使った優れた教育実践が、今なお日本で息づいている点にも注意を喚起しておきたい（**写真6-5**）。

3. フレーベルの独自性

フレーベルの独自性は何か。端的にいうならば、人間の教育にとって幼児期の教育がいかに重要かを深く認識し、幼児のもつ力（特に創造性）の開発を追求し、その方途として、恩物、キンダーガルテンといった画期的装置を考案、これらを用いて幼児教育を実践した点にある、ということになろう。

フレーベルは、幼児教育の目的を「人間の素質や力の要求を満たすために、人間のすべての能力及び素質を覚醒し発達させ刺激し、また人間のすべての四肢や器官に力を与えること」としており、子どもに内在している可能性を目覚めさせ、全面的に発達させることをめざしていたことがわかる。フレーベルの教育思想と実践において、学習・教育における主役は、あくまでも子どもたちである。したがって、幼稚園の教師は、子どもの発達を支援する存在、つまり二義的な存在であるといえるであろう。太陽のごとき中心点は子どもであり、教師はその支援者であるというフレーベルの考え方は、彼の墓碑に刻まれた「さあ、我らの子どもらに生きようではないか！」という彼の言葉に集約されているといえよう。

Step3

ペスタロッチーの教育思想

「愛」の再発見と人々への衝撃

ペスタロッチー（Pestalozzi, J.H., 写真6-6）の教育思想と実践は、多数の人々に大きな影響を与えた。先述のフレーベルもそのひとりで、ペスタロッチーの学校で2年間ほど働いた経験がある（1808～1810年）。

写真6-6　ペスタロッチー，J.H.（1746-1827）

ペスタロッチーという人物の本質をなす原理とは何か、彼が生涯をかけて行おうとしたことは何か。まず、彼の言葉に耳を傾けてみよう。

> キリスト者は、その信条において、そしてその信条によって、彼の財産を、彼自身のためと共に彼の兄弟の幸せのために捧げるべきであると認識し、そして、神と隣人とに一身を捧げることを信条とする崇高な謙遜の心をもって、彼の財産を彼の権利とは見ず、神から彼に委ねられ、愛に仕える神聖な管理のために彼の手中におかれた贈物である、と見る[*3]。

この言葉は、市民層出身のペスタロッチー（父親は外科医。父親が早世し経済的には不遇）が、ノイホーフの農園と孤児たちにもてるすべてを投入した後の言葉だけに重い意味をもつ。この一言から、彼の行動原理がキリスト教の精神―隣人愛（隣人を自分と同じように愛する）―に基づいていることがわかる。したがって、この精神そのものは彼独自のものではなく、特に新しいものではない。イエスに発する長い歴史をもった考え方である。しかし、キリスト教が明らかに力を失い始めていた時期に、教育における愛の力の重要性を人々に思い出させたことこそが、ペスタロッチーの社会に与えた衝撃の意味であり、人々を熱狂させた原因であった。

また彼は、次のように述べている。

> 私が人々の嘲笑の的であった間でさえ、私の情熱は、片時たりとも私の目を唯一の目的からそらすことはなかった。その目的とは、私の周囲にひそむ人々の悲惨の原因を取り除くことであった[*4]。

この言葉にあるように、彼が実践しようとしたのは、「人々の悲惨の原因」すなわち「貧困」を取り除くことであった。当時、基幹産業が農業から工業へと移り始め、農民たちは時代の変化に対応することができず、極貧にあえいでいた。しかも、フランス革命の火の手がヨーロッパの広範囲に戦乱をもたらし、悲惨さをさらに深刻なものにしていた。ペスタロッチーは、民衆が工業化社会に適応できるように教育し、それによって彼らの悲惨さをなんとかせき止めたいと考えたのであった。

うそ、盗みといった悪徳を身につけてしまった孤児を目の当たりにして、ペスタロッチーは、悪いのは大人の社会であると考えた。優れた教育を行えば、すべての人間は優れたものとなり、社会は変革しうる。教育によって人間はいかようにもなりうるという、いわば機械的人間観をペスタロッチーはもっていたと指摘されている。この人間観が、教育における教師の役割をきわめて大きいものにした。

　若いころ、社会を変革すれば人も教育もよくなると考えていたペスタロッチーであったが、彼は考え方を変え、教育をよくすることによって社会を改良しようとした。外的変革から内的変革へと思想的転回をとげたペスタロッチー（為政者にとっての危険度は減少）は、いかなる教育のメトーデ（方法）を主張したのか。

ペスタロッチーのメトーデ

　ペスタロッチーは、教授の基礎を形而上学（感覚・経験を越え出た世界を真実在とし、その世界の普遍的原理を理性的な思惟によって認識しようとする）ではなく、自然そのものの直観（通常は推理などの論理操作を差しはさまない直接的・即時的認識の形式。ペスタロッチーにおいては、この「外的直観」に加えて、「感覚器官すべてによってとらえられる直観」、そして外界や自己を主体的に把握し認識する「内的直観」の3つがある[*5]）におき、直観の教育を重視した。ヘルバルト（Herbart, J. F., 近代教授法の父）が指摘している通り、この3つのうち「内的直観」が最も重要であろう。内的直観こそ、子どもの内面的発達を最も深化させるであろうからである。子どもの内面にまで視線を向けつつ、子どもの主体性を重視し、教師は発達過程に即した周到な教育計画を立て、知・徳・体の全面的発達をうながす。近代初等教育の原型がここにある。ペスタロッチーが近代初等教育の父と呼ばれる所以である。ただし、彼が前提とした「愛」が忘れられれば、たちまち子どもの内面までを精査する機械的な「支配」に堕する危険性が秘められている。

　機械論的子ども観に基づく外在的計画性を特質とする初等教育の論理と、子どもの自発的活動（遊び）を中心とする幼児教育の論理、この両者は原理的な相違をはらんでおり、両者の統合はきわめて難しい。現在の日本で、保・幼・小の連携が叫ばれる背景には、この根本的難題がひそんでいるのである。

[*3] 村井実『ペスタロッチーとその時代』玉川大学出版部，p.74，1986.
[*4] 同上，p.75
[*5] 同上，p.168

参考文献

- J・J・ルソー，今野一雄訳『エミール』岩波書店，1962.
- 小原國芳・荘司雅子監『フレーベル全集⑤』玉川大学出版部，1981.
- 荘司雅子監，P・ミッツェンハイム・酒井玲子編『写真によるフレーベルの生涯と活動』玉川大学出版部，1982.
- 荘司雅子著，茂木正年編『フレーベル教育学への旅』日本記録映画研究所，1985.
- 村井実『ペスタロッチーとその時代』玉川大学出版部，1986.
- 深谷昌志『児童観——こども理解を深めるために』放送大学教育振興会，1986.
- 小笠原道雄『フレーベルとその時代』玉川大学出版部，1994.
- J・A・コメニウス，井ノ口淳三訳『世界図絵』平凡社，1995.
- 日本ペスタロッチー・フレーベル学会編『ペスタロッチー・フレーベル事典』玉川大学出版部，1996.
- 木田元編『哲学の古典 101物語 新装版』新書館，1998.
- 宮澤康人他『三訂版 近代の教育思想』放送大学教育振興会，2003.
- 岩崎次男『フレーベル教育学の研究』玉川大学出版部，1999.
- R・オルドリッチ，本多みどり訳『イギリス・ヴィクトリア期の学校と社会——ジョゼフ・ペインと教育の新世界』ふくろう出版，2013.
- 清原みさ子『手技の歴史——フレーベルの「恩物」と「作業」の受容とその後の理論的、実践的展開』新読書社，2014.

参考資料

- 辻井正監『ベストキンダーガーデン①フレーベル幼児教育（DVD）』オクターブ，2008.

第7講

諸外国の教育の歴史

　「国民」がフランスで誕生し、ヨーロッパ各国は競い合うように公
教育を整備していった。各国にそれぞれの国情と歴史があり、それ
に合わせて公教育が整えられたために、進度、内容等にばらつきが
あった。
　近代国家誕生の地ヨーロッパにおいて、19世紀から20世紀にか
けて覇を競いあった英独仏に焦点を当て、それぞれの歴史と公教育
の進展について論述を行う。また、公教育の進展とともに現れた、
優れた幼児教育の実践についても紹介を行う。

Step 1

1. 諸外国における公教育の発展

公教育発展の背景：国民（ネイション）の誕生

　国民（ネイション）とは、近代の産物である。人類誕生とともにあったわけではない。では、いつどこで誕生したのか。端的にいえば、フランスにおいて、フランス革命（1789年）のころに誕生したといえるであろう。ネイションの核にはエトニがあるとされる。エトニとは「共通の祖先・歴史・文化をもち、ある特定の領域との結びつきをもち、内部での連帯感をもつ、名前をもった人間集団である」と定義されている[*1]。エトニはネイション誕生の前提ではあるが、十分条件ではない。土地や身分から解放された労働者の存在（労働力商品化）、その労働力を背景とした産業社会の勃興、人々の文化的同質性（学校教育の普及）、人間の平等性を基盤とした人民主権に対する信念など、さまざまな要件が満たされてはじめてネイションは、一個のネイションとしてまとまろうとする運動のなかから立ち現れる。エトニのあいまい性から考えれば、ナショナリズムは幻想にすぎないようにも思えるが、共通の言語、郷土、そして、それらへの深い愛着といった歴史的・感情的根拠をもっているがゆえに、その生命力はおそらく強い（ただし、ネイションが生まれ栄えたのはヨーロッパとアジアで、中東地域では根づかなかったとされる）。国民国家が誕生すると、国民の教育の責任は国家にあると考えられ、各国で公教育が大きく進展した。

写真7-1　フランス革命の勃発（『球戯場の誓い』（ダヴィッド画））

---

*1　A・D・スミス，巣山靖司・高城和義ほか訳『ネイションとエスニシティ――歴史社会学的考察』名古屋大学出版会，p.39, 1999.

国ごとに異なる公教育発展の道筋

　19世紀のヨーロッパ諸国において公教育は飛躍的な発展を遂げたものの、その進度、内容などは国によってばらつきがあった。例えば、当時世界の覇権（ヘゲモニー）を握っていたイギリス（政治・経済・軍事すべてにおける優位）で、公教育の進展は最も遅れた。『資本論』の著者であるマルクス（Marx, K. H.）、『イギリスにおける労働者階級の状態』の著者であるエンゲルス（Engels, F.）の記述を待つまでもなく、あちこちの記録に、子どもたちの知識を高め、考える力を真剣に養おうとする態度の欠如が記されている19世紀における国民教育の底上げへの一般的無関心が、イギリス病と呼ばれた20世紀における同国の経済不振を生んだ重大な根本原因の1つと思われる。公教育進展の国家間の差異を生んだ背景は何か。ここでは、近代的国家がはじめて誕生したフランスを中心に、激動の近代ヨーロッパ史におけるもう1つの震源地ドイツ、そしてヘゲモニー国家イギリスの教育制度の進展について、ヨーロッパ全体の歴史的・社会的背景を遠望しつつ概観する。

2. 公教育の発展──フランスの場合

革命と教育

　フランスは、18世紀におけるヨーロッパの中心地であった。18世紀後半にはフランスは世界の覇権争いから脱落したが、ヨーロッパ宮廷文化の中心地としては、いまだ覇を誇っていた。当地は、キリスト教神学研究の中心であるパリ大学を擁し、12世紀以来の知的伝統があった。また、ディドロ（Diderot, D.）（哲学者、無神論者）をはじめとする知的伝統にとらわれない百科全書派、ルソー（Rousseau, J. J.）など第一級の思想家、知識人が集まり活躍したのも当地であった。多数発行されたフランス王室を誹謗中傷するカリカチュア（風刺画）を見ても、当時の自由な言論空間の存在が感じられる。パリ盆地が伝統的に平等相続の行われてきた地域で、平等という感覚が根深く存在していたと思われる地域であることも想起されるべきであろう[2]。先にあげたネイション誕生のための条件が、フランスには数多く整っていたことがうかがえる。

　フランス革命が起きた最大の要因は、経済的破綻に対して王室が有効な策を講じ

---

[2] E・トッド, 荻野文隆訳『世界の多様性 家族構造と近代性』藤原書店, p.52, 2008.

えなかったことへの市民の怒りではないかと指摘されている。先述のとおり、インドをイギリスに押さえられ、外部からの収奪にも陰りが出て、フランス経済は青息吐息であったにもかかわらず、王侯貴族の贅沢三昧はとどまるところを知らなかった。

1789年、全市民を巻き込んだ革命がついに勃発した。自国での革命を恐れる周辺諸国はフランスに攻撃を加え、フランスは大混乱に陥った。周りを

写真7-2 『アルプス越えのナポレオン』（ダヴィッド画）

すべて敵に囲まれた絶体絶命ともいえる状況に陥ったとき、人間が本能的に求めるものは強力なリーダーである。権力を掌握し、自在にそれを駆使できる新たな「王」が求められた。それがナポレオン（Napoléon Bonaparte）であった（写真7-2）。力の衰えた王は殺され（ルイ16世）、若く強い新たな王が誕生する、まさにフレイザー（Frazer, J. G.）の『金枝篇』を思い起こさせるような一幕である。ナポレオンは敵の攻撃を押し返し、逆に敵国に侵攻、ヨーロッパを席巻した（最盛期にはロシアを除くほとんどの国を支配）。外憂を解決したナポレオンは、国内の安定化と改革に目を向け、教育制度も中央集権的に整えていった。

公教育の整備

フランスの公教育はヨーロッパのなかで最も早く整備された。その理由としては、先述の内容からわかるように、いち早く国としてまとまることが生き残りにとって喫緊の課題であったこと、そして絶対的な権力を掌握した人物の指揮のもと、迅速な制度の創出が可能であったことがあげられる。

革命期におけるフランスで最も注目すべき教育機関は、世界最初の科学技術の高等教育機関とされるエコール・ポリテクニク（1794年開校）であろう。厳しい試験によって選抜された若者が第一級の講師陣に教育を受けたことによって、多くの優れた科学技術者が輩出され、19世紀初頭においてフランスは科学先進国になった。

教育全体の改革も行われ、1802年にナポレオンの命を受けた公教育総局長フルクロワ（Fourcroy, A. F.）は立法院に法案を提出、5月に法律化された。これによって、4種類の学校―小学校、中学校、リセ、専科学校―が整備された。ただし初等教育についていえば、革命期に提案されていた無償、義務といった規定はいまだ実

現しておらず、ドヌー法（1795年成立）における義務と無償の廃止規定が温存される形になっていた。また、非宗教という点でも後退し、ナポレオンがキリスト教勢力との妥協を行った（和親条約（コンコルダ）、1801年）ことから、キリスト教学校修士会も初等教育の一部を担当するよう求められた。ちなみに、帝政期の終わりには、この修士会の学校がパリに13校、他の町や村に47校を数えたという。同法で注目されるのは、市町村や私人が経営する中学校（コレージュ）と、国費によって維持されるリセが新設されたことである。初等や高等段階の教育から明確に分けられた形で、第二段階の教育が整備された。リセには、少なくとも9歳以上の子どもが受け入れられ、有償ではあったが、その一方で給費制度もあり、給費生は官吏や軍人の子弟、あるいは中学校の優等生のなかから選ばれていた。専科学校については、フルクロワ案では、法学校、医学校、博物・物理・化学校、工学校、高等数学校、地理・歴史・経済学校、製図学校、士官学校などが提案されていたが、結局、法学校と士官学校だけが日の目をみた。このように、1802年法は妥協の産物という側面をもっていたが、その後の学校教育制度に与えた影響は大きく、画期的な意味をもつものであった。

　さらに1806年には、「帝国大学の名称のもとに、帝国全土にわたって公共の教育と訓育とを一任さるべき団体を組織する」と規定する法律が出され、帝国大学が全教育施設と全教員―小学校を除く―を、皇帝の権限のもとに統括することになった。ここにおいて、帝国大学を頂点とした教育階梯が構築され、国家の利益と君主の利益に資する中央集権的システムが現れたのである。

　小学校の教員は帝国大学の職階に組み込まれなかったことから、初等教育は帝国大学の統括からはずれ、そのためにしばらく低迷した。革命時から懸案とされてきた義務・無償・非宗教性という原則もなかなか実現しなかった。しかし、1863年に公教育大臣に就任したデュリュイ（Duruy, V.）が初等教育に関する調査を実施したところ、ほとんどの子どもたち（402万人）は学校教育を享受していることがわかった（ただし、7歳から13歳の子どもの3割は学校教育を受けていない）。初等教育の無償化は1880年代に（中等教育の無償化は1930年代以降）、義務化も1880年代に、非宗教性に関しては、20世紀に入ってほぼ完全に実現した（教団経営の学校は1880年の段階では1万3000校あったが1912年には27校のみ）。義務・無償・非宗教性という、革命時から提唱されてきた公教育の原則は、100年の時を経てようやく実現された。

Step2

> 1. 公教育の発展——ドイツの場合

ドイツの悲劇

　ドイツは長い宗教戦争（1618～1648年）によって国力が衰え、戦後に結ばれたウェストファリア条約（1648年）によって主権を認められた小さな領邦国家が林立（300以上）したために、ひとつの国家としてまとまることが非常に難しかった。そのため、植民地獲得競争において英仏に決定的な遅れをとってしまった。しかし19世紀に入って、プロイセンがドイツの中心的国家として成長し、ビスマルク（Bismarck, Otto von.）という老獪な宰相を得たことによって、ドイツは急激な成長を果たした。彼の外交の主題は、徹底してフランスの孤立化を図ることにあった（もしフランスとロシアが結べばドイツは挟撃される可能性がある）。普仏戦争（1870年）における勝利は、ドイツ躍進を天下に示す一大エポックであった。しかし、皇帝ヴィルヘルム2世（Wilhelm Ⅱ）がビスマルクを失脚に追い込み（1890年）、ビスマルク的外交精神を忘れたことは、ドイツに重大な不利益をもたらす結果になったといえよう。その後のドイツは、政略のまずさから第1次世界大戦における敗北を招き、莫大な賠償金を支払わされ、困窮した国民の不満がナチスの台頭を招き、ついには第2次世界大戦での終末的な大敗北を喫した（ドイツの死者およそ500万人）。

ルターと教育

　17世紀から20世紀にかけてのヨーロッパ史を垣間見ただけで、ドイツが何度も大戦争の主戦場となり、二度と立ち上がれないのではないかと思えるような悲劇を経験していることがわかる。ところが、ドイツはその度に不死鳥のようによみがえっている。現ドイツをみても、第2次世界大戦後の復興、東西ドイツ統一という難局も乗り越え、EU（欧州連合）の優等生として経済的繁栄を築いていることは周知の事実である。その理由や背景として、おそらく、誰もがドイツ人の勤勉さと教育レベルの高さをあげるのではなかろうか。ドイツ人の教育的伝統についていえば、その淵源にはルター（Luther, M.）の宗教改革と、それに基づく民衆教育の普及があると考えられる。

　ルターによる宗教改革の本質は、神と民衆をつなぐ仲介役としてのカトリック教会の権威の否定、異議申し立て（プロテスト）ということになろう。では、教会の介在なしにどうやって神の教えを知るのか。それは聖書を直接自分で読むことで

あった。そこでルターは、従来用いられていたラテン語訳の聖書をドイツ語に翻訳し、また、民衆が間違った信仰に陥らないよう教理問答（カテキズム、下記参照）を著したのであった。心の中で神と直接対峙するようになった人々は、強靭な自己（セルフ）とともに強烈な不安（自分は救われるのか）をもかかえることになった（マックス・ヴェーバー『プロテスタンティズムの倫理と資本主義の精神』参照。特にカルヴァン派）。プロテスタントの勢力領域内では学校が設立され、領民の教化が図られていった。

> ルターの教理問答（カテキズム）の一文
> あなたは、あなたの神、主の名をみだりに唱えてはならない。
> これはどんな意味ですか。
> わたしたちは神をおそれ、愛すべきです。それでわたしたちは、神のみ名を使ってのろったり、誓ったり、魔術を行ったり、嘘をついたり、だましたりしないで、むしろ困った時にはいつでも神を呼び求め、神に祈り、神を褒め称え、感謝するのです。
> 出典：ルターの『小教理問答書』より、「第二の戒め」

19世紀における基礎教育の進化

　工業化以前の学校での教育は、聖書や教理問答の一部を暗唱させ、単語のつづりを機械的に教え込むといった程度であった。暗記ができない者、悪さをする者は容赦なく鞭で打たれた。ひとりの教師がたった1つの教室で100人以上の生徒を教えるということもまれではなかった。工業化が進み始めた当初、子どもの低賃金労働が求められ、一時的に識字率が工業化以前よりも下がった可能性がある。18世紀中期以降、ツンフト（同業者組合、ギルド）に加入するためには読み書き能力と教理問答の一部を暗記していることが求められていたが、1820年代の職人（織物マイスター）の記録では、非識字率が3分の1にも及んだという。

　しかし、さらに工業化が進み、法整備がなされると状況は変化する。1839年のプロイセンの工場法は、子どもが少なくとも3年間の学校教育を修了せず、満9歳に達していない場合の工場就業を禁止した。19世紀半ば頃には、ドイツの学校教育の質の高さが各方面から指摘されるようになった。

　イギリス初の「教育学教授」であるジョゼフ・ペイン（Payne, J., 1808〜1876年）は、1874年にドイツの学校を訪問し、プロイセン、バーデンといった地域の基礎教育が優れているのは「間違いなくペスタロッチ主義の影響によるものである」とし、辛口の彼には珍しく、「ザクセンがそうしたように、（中略）フレーベル教育法をペ

スタロッチ教育法に加味した時、基礎教育は、人間が工夫しうる最高のレベルに達した」と絶賛した*3。これらのことから、ドイツでは1830年代から1860年代にかけて、基礎教育のめざましい量的・質的改革が行われたことがわかる。

2. 公教育の発展——イギリスの場合

エリート教育の特質：支配者の心得

　イギリスは1588年、大航海時代の先駆的覇者スペインの無敵艦隊を破り、ヨーロッパ最強の海洋国家として名乗りをあげた。この天下分け目ともいえる戦闘は、実は1年も前に勝敗が決していたとされる。深謀遠慮の能臣を抱えていたエリザベス1世（Elizabeth I）は、ヨーロッパのあらゆる宮廷深くにスパイを潜入させ、正確な情報を得つつ、決戦に向けて万全の準備を整えていたという。その外交の真骨頂は「バランス・オブ・パワー」であり、その本質的態度は二枚舌、三枚舌もありの冷徹な現実主義である。そのありようは、現在も変わっていない。

　では、イギリスを支えたエリートたちは、いったいどのような教育を受けたのか。イギリスのエリート教育の核心部分は、パブリック・スクールにある。エリート層のほとんどがここで学び、同窓生同士が一生涯の絆で結ばれるからである。パブリック・スクールでは、長く古典語（ギリシア語・ラテン語）の学習を中心とした教育が行われてきた。最も古いものは中世に誕生しており、キリスト教の強い影響下にあって、聖書の学習に必須の古典語（聖書は元来ギリシア語で書かれていた。後代になるとラテン語訳が一般的）は当然カリキュラムの中心とされた。今でも、これら古典語の学習が完全に手放されたわけではない。

　これは何を意味しているのか。古典語の学習はエリートの育成にとって有効であると考えられているということである。非エリートとの差別化、標識作用としての有効性だけではない。ギリシア語は哲学の学習に必要であり、ラテン語はローマ帝国時代の文献を読むために必要である。哲学は、世界を世界の外側から眺めるようにとらえる態度を養う*4。また、高度な論理能力の形成にも資する。これらの態度と能力は、特に政治と戦争の場面で必要であったと考えられる。また、ローマ時代

---

*3　R・オルドリッチ，本多みどり訳『イギリス・ヴィクトリア期の学校と社会——ジョゼフ・ペインと教育の新世界』ふくろう出版，p.272，2013．
*4　木田元『反哲学入門』新潮社，pp.18〜23，2010．

の記録は、支配の方法と失敗事例を教えてくれる優れた教科書である。アナロジー（類比）によって、つまり似た事例を念頭に置いて思索をめぐらすことによって、直面する新局面に正しく対応できる。つまり、ギリシア・ラテン語を含むカリキュラムとは、将来の政治・軍事のエリートを養成するうえで有効なカリキュラムなのである。イギリスは、近代以前の教育の型を、今なお色濃く残しているといえよう。

　また、イギリスの教育の大きな特徴は、ヴォランタリズムである。19世紀以降、中央政府の干渉を免れたものなど何もないという指摘もあるが、フランスとは対照的に、上からの改革で様相が一変するということはあまりない。現場の同業者たちが自発的に自助努力によって改革を行うという伝統が強く、各方面との協議を経ながら、ゆっくりと変更がなされていくのが通例である。改革のスピードは遅くとも、中央の専横を許さない足腰の強さがある。

初等教育の整備

　1698年、キリスト教知識普及協会（SPCK、国教会系の全国組織）が結成され、それ以後、主に宗教団体が慈善として民衆の教育を整備していった。非国教会系の組織も、SPCKと同じように慈善学校を設立した。慈善学校では主に聖書、教理問答、簡単な読み書きが教えられ、時には男児に数学が教えられる場合もあり、女児には読み書きよりも針仕事が好んで教えられたという。18世紀末から19世紀にかけて、最も普及したのは日曜学校であった。1851年、日曜学校で学んでいる者の数は200万人にも及んだという。働く子どもたちは、日曜日以外には学校に行けなかったのである。これ以外に、助教法学校（モニトリアル・スクール、助教法とは生徒のなかから複数の助教を選抜し教育・秩序維持に関与させるシステム）もあり、19世紀半ばまで盛況を極めた。

　国による基礎教育の整備が始まったのは、1830年代以降のことである。1833年、工場法により就労児童に対する一定の基礎教育が義務づけられ、国民協会（国教会系）と内外学校協会（非国教会系）を通じて学校を設立するという形で国庫助成が始まった。1862年には改正教育令が成立、「出来高払い制度」による助成金配分方式が取り入れられた。普通選挙の実施に向けた選挙法の改革が進むにつれて、選挙民を判断力ある公衆に育てあげるという課題は国にとって不可避の責任問題となり、ついに1870年、基礎教育法が成立した。国民協会あるいは内外学校協会が運営する学校がない地域には学務委員会が組織され、地方税を徴収して学校を設立して基礎教育を行うことになった。国民皆学の体制が整い、1880年教育法では義務制が、そして1891年教育法では無償化が実現した。

Step3

諸外国における幼児教育の発展

　幼い子どもの教育に対して、長らく人々の関心は薄かった（子ども観の歴史と関係については第9講を参照）。しかし19世紀に入ると、人間性と個を大切にする、高い普遍性をもつ幼児教育を実践する人々が現れた。そこで、ここでは優れた幼児教育の実践事例をいくつか紹介する（フレーベルは第6講と第9講を参照）。

ロバート・オウエン

　資本主義の本質にある非人間性にいち早く気づき改善を試みたのは、自分自身が資本家であったロバート・オウエン（Owen, R.）である。イギリスの幼児教育史は、1816年、オウエンがスコットランドのニューラナークに私財を投じて設立した「性格形成学院」に始まるというのが定説である。オウエンは、「終始一貫、常に合理的に考え、行動するよう、心身ともに完成された男女」の育成を理想とし、保育を担当する者に、「どんな訳があろうと子どもを決して打つな、どんな言葉、どんなしぐさでもおどすな、罵言を使うな、いつも愉快な顔で、親切に言葉も優しく小児と話せ」と指導したという。また、「小児を書物でいじめるな。身の回りにころがっている物の使い方や本性性質を教えるものだ、小児の好奇心が刺激され、それらについて質問するようになったときに、うちとけた言葉で話しなさい」とも述べており、彼の幼児観察の鋭さ、幼児もひとりの人間として扱うべきであるという確かな信念がうかがえる[*5]。教育における環境の重要性、幼児教育の人格形成における重要性にいち早く気づき、即実行に移した点にオウエンの優秀性がある。彼の実践はきわめて重要であったが、その事業は一個人の資産でまかなえるような性格のものではなかった。そのため、オウエンは破産してしまったが、彼は終生変わることなく社会改革の闘士として生きた。彼の思想はマルクスにも影響を与えており、共産主義、社会主義への影響という点でも彼の思想と実践は大きな重要性をもっている。

マーガレット・マクミラン

　マーガレット・マクミラン（McMillan, M.）は、保育学校運動の創始者として知られている。1894年、ブラッドフォードの学務委員会委員に当選して以降、学校給食、学校健康診断、学校医療を制度化する運動を展開した。ロンドンのスラム街

[*5] 知野根和子「ロバート・オーエンの幼児教育について」『教育学雑誌』第5号, pp.66〜83, 1971.

には、数多くの子どもたちが不衛生かつ不道徳な環境のなかに放置されていた。彼女は、教育に先立つものとして養育（nurture）の重要性を指摘し、これらスラムの子たちも、環境と養育、教育を整えれば健全に育つことを実証した。彼女のいう養育とは、人格の諸側面の発達の助成であり、子どもを自分の子どものように全面的に愛情をもって世話することであった。彼女には、養育と教育を統合して「保育」とした最初の人物という評価がなされている。貧しい子どもたちの養育と教育を、保育学校を拠点として改善したという点で、マクミランは画期的な業績を残したといえよう。マクミランの学校観の新しさは、学校を慈善の場としてとらえるのではなく、児童とその家族に福祉サービスを提供する拠点と見た点にある。慈善を施す、指導を与えるといった、いわゆる「上から目線」ではなく、同志として相互関係をきり結ぼうとする彼女の視線のあり方にこそ彼女の先駆性が端的に表れている。

モンテッソーリ

マリア・モンテッソーリ（Montessori, M.）は、イタリア初の女医である。モンテッソーリは最初に赴任した医院で知的障害児と関わった経験から、ローマ大学に再入学して教育を学び、ローマのスラム街、サン・ロレンツォ地区に開設された「子どもの家」（1907年）の監督をまかされ、教育者としての生涯を歩み始めた。彼女の教育思想と実践の背後には、子どもをしっかりと観察する科学者としてのまなざしがある。モンテッソーリは教育の根本原理は子どもの自由、すなわち子どもが個別に自由に発達することであると考え、教育や教師の役割は、子どもの自発的な発達を援助する従的な立場のものであると考えた。この考え方は、フレーベル（Fröbel, F.W.）と共通する。モンテッソーリの教育法において際立っているのは、「モンテッソーリ教具」と呼ばれる一連の教具である。これは、「アヴェロンの野生児」の報告で有名な医師のイタール（Itard, J.M.G.）や、知的障害児の教育を行ったセガン（Séguin, É.）の教具をもとに考案され、フレーベルの恩物と違って、より具体的で、子どもの発達段階に細かく合わせたものである。実際生活の練習も課題とされ、衣服の着脱の練習を目的とした「着衣枠」などもある。フレーベルの恩物が世界の根源へと目を向けたものであるのに対して、モンテッソーリの教具は、子どもを起点とした世界の具体性に対して目を向けたものである。視線の方向性という点において、両者はきわめて対照的であるといえよう。

参考文献

- E・トッド,荻野文隆訳『世界の多様性——家族構造と近代性』藤原書店,2008.
- J・G・フレイザー,吉川信訳『初版 金枝篇(上)』筑摩書房,2003.
- J・G・フレイザー,吉川信訳『初版 金枝篇(下)』筑摩書房,2003.
- M・ヴェーバー,大塚久雄訳『プロテスタンティズムの倫理と資本主義の精神』岩波書店,1989.
- A・レオン,池端次郎訳『フランス教育史』白水社,1969.
- 木田元『反哲学入門』新潮社,2010.
- 中西輝政『大英帝国衰亡史』PHP研究所,1997.
- 江藤恭二監,篠田弘・鈴木正幸ほか編『新版 子どもの教育の歴史』名古屋大学出版会,pp.64〜65,2008.
- 中嶋一恵「世紀転換期イギリスの学校における児童福祉政策に関する研究——マクミランの学務委員時代の活動に着目して」『教育行政学研究』第32号,2011.
- 勝山吉章監,江頭智宏・中村勝美・乙須翼著『現場と結ぶ教職シリーズ③ 西洋の教育の歴史を知る——子どもと教師と学校をみつめて』あいり出版,pp.90〜95,pp.118〜119,2011.

COLUMN　フランスの教育改革者—コンドルセ

　フランスは最初の近代国家として、産みの苦しみによる政治的不安定さに悩まされながらも、統一的教育制度の確立を成し遂げた。その途上で、改革にあたった人々が常に念頭においていたのは、コンドルセ(Condorcet, N., **写真7-3と第9講 Step 2を参照**)の教育案であったという。コンドルセはフランスの帯剣貴族の出身で、若くしてフランス王立科学アカデミーの会員に推挙された天才的数学者であった。数学者らしいきわめて論理的な彼の教育案は、美しささえ感じられる。恐怖政治の犠牲(ぎせい)となって逮捕され、美しく聡明な妻と幼い娘を残して、非業(ひごう)の死をとげた。

(本多みどり)

写真7-3　フランスの教育改革者、コンドルセの肖像

第8講

日本の教育思想・歴史

　現在日本は、少子高齢化、都市化と過疎化、そして価値観の変化などに起因する家族構造の激変、そして、それに基づく大きな社会変化の只中にある。家族構造の変化に伴う育児・教育力の低下に対応するため、国は教育改革、子育て支援などの施策を進めている。
　ここに至るまで、日本人はどのような価値観をもち、どのような教育を受け学習を行ってきたのか、また、子どもの教育に関してどのような思想を育んできたのか、江戸時代から現在に至るまで、その概要を解説する。

Step 1

1. 江戸時代中期ごろまでの教育

　日本において、まだ国民（ネイション）が誕生していないころの教育とは、一体どのようなものであったのだろうか。律令制のころから、支配層のためには儒学・漢文学・歴史等を教える大学寮などの教育施設が存在し、寺院でも教育は行われていた。ザビエル（Francisco de Xavier, 1506～1552年）の記録でも有名な足利学校のような際立った事例もある。しかし本講では、子どもを保護・教育の対象とみる価値観が登場した江戸時代（1603～1868年）以降に焦点をあてて概説を行う。

　江戸時代は、身分制の時代であった。人口の約8割を占めたとされる百姓（非農業民も含む）は、この時代には最初から武装を解除されていた。一方、武士は城下町に集住して武装を整え、他の支配を行った。支配者である武士とて自由ではなく、武士同志の上下関係、慣習などに縛られていた。近代と比べれば、かなり流動性の低い社会体制のなかで、基本的に、人々は自分が属する「藩＝くに」、身分、家柄、職、性別などにしたがって、「一人前＝大人」になるための教育を受けた。

　文字は、政治的支配の手段として、あるいは支配層の学問・教養のために学ばれた。とりわけ、儒学（特に朱子学）は武家の教養とされたので、儒学の学習は必須であった。儒学は孔子（B.C.552～B.C.479）の思想に始まる。孔子の生きた時代は乱世であった。戦国の世の人心の乱れに心を痛め、弱肉強食という時代のあり方に対するアンチテーゼとして、孔子は教え（仁愛の徳、徳治主義）を説いたと思われる。しかし孫子（B.C.500年ごろ）の兵法をみればわかるように、いかに相手の裏をかくかが生き残りの上策とされるような戦国時代においては、仁（他者への思いやり）を説く孔子の教えは重んじられなかった。支配体制が整ったとき、支配者側が体制維持のために儒学を採用するというのが歴史の道すじであった。

2. 江戸時代後期の情勢と教育

　徳川幕府は、幕藩体制の財政基盤として、徹底した米本位制度を敷いていた。藩の規模から武士の給与に至るまで、すべてが米の生産能力で表され、それに基づいて年貢が課された。領主は、農民から取り立てた年貢の内から余剰米を売り、必要な物資を購入した。大坂（当時はこの字）の米市場は非常に規模が大きく、信用取引、先物取引なども行われ、幕府はしばしば市場を統制しようとしたができなかった。市場では為替取引が頻繁に行われ、為替業務や貸付業務を行う両替商が活躍し、大名に対する貸し付けも行っていた。

商品経済の発展は、教育の世界にも変化をもたらした。武士以外の人間でも、読み書き算の能力が非常に重視されるようになったのである。商人にとって、計算、帳簿つけなどは仕事に不可欠であった。農民にしても、種の買いつけ等のために市へ出かけることもあり、商品に接してまったく読み書きができないというのでは、さまざまな不便が生じた。百姓は多種多様な生業をもっていたから、商品経済と無縁で生きることなどできなかったのである。そのため、江戸時代の後半になると、庶民のための教育施設（寺子屋、手習塾）の設立が急増した。

手習いとは、文字を書く作業を行いながら読みや意味の習得を行う学習方法である。その際、手本とされたのが「往来物」であった。往来物とは、そもそも、往来するもの、つまり手紙のことであった。当初、手紙そのものを手本としていたものが、手習いの普及につれて、往来物は教科書一般を指すようになり、さまざまな往来物が販売された（地理、歴史、道徳など）。特に都市部でみられた教育ブームによって識字率は上昇した。江戸後期の識字率は5、6割という意見もあるが、全体の平均でいえば4割程度ではないかという[*1]。この点では、江戸後期の都市住民の識字率は世界最高レベルにあった可能性が高い。手習いでは高度な論理能力の育成は難しかったであろうが、ネイション誕生の前提である文化的同質性は、読み書きの普及によって、すでに江戸時代において、かなり整っていたことが確認できよう。

1853（嘉永6）年、黒船が来航した。外来の武力を前にして、幕府は長らく続けてきた鎖国政策を転換し、開国へと舵をきった。日本にとって不平等な条約が結ばれてしまったこと（1854（嘉永7）年の日米和親条約）、そして欧米列強に蚕食される海外の報に接し（1840年のアヘン戦争、清国の没落）、何とかしなければという気概に燃えて立ち上がったのは、主に若き武士たちであった。彼らは、ある程度、漢学の素養をもち、開国後は欧米の知識を学び、しかも武人としての身体能力を併せもっていた。

---

*1　網野善彦『日本の歴史をよみなおす（全）』筑摩書房, p.20, 2005.

3. 明治期の教育

明治維新と近代化

　1868（慶応3）年、王政復古が宣言された。明治政府は近代国家への脱皮をめざし、体制を整えていった。近代化の前提として、均質化された国民の創出が問題になる。そのため、身分制の改革が行われ、皇族、華族制度は残ったものの、1871（明治4）年には華族・士族・平民間の通婚が認められ、法的には平等とされた。

　急激な社会体制の変化のために、明治初期の世情は非常に不安定であった。身分の平等化を嫌悪する不平士族がいる一方で、平等化を志向する自由民権運動が澎湃として起こり、また一方で福澤諭吉の『学問のすすめ』に代表されるような、能力主義に基づく個人の社会的上昇を志向する価値観が人心をとらえる、という具合に価値観の混沌状態がみられた。1877（明治10）年には、西郷隆盛（1828（文政11）〜1877（明治10）年）を首領とする士族の反乱「西南の役」が起きた。明治政府内にも西郷を慕う者は少なくなく、政府内の動揺は大きかった。内乱制圧後、維新の元勲たちの主導により、近代国家としての体裁が急ピッチで整えられた。

教育勅語の歴史的意味

　1890（明治23）年、「教育ニ関スル勅語（教育勅語）」が出された。ここに国民をまとめ上げる原理、すなわち国体（国のあり方）が明示され、以後、それに基づく教育が時代を形成していく。教育勅語で示された国体とは、端的にいえば、皇統への尊敬と信頼を背景に天皇が徳治（道徳、礼儀に基づく統治）を行い、それに対して国民が臣民（家来）として精励し忠義を尽くすというあり方であった。教育勅語は天皇が国民に向けた社会的君主としての言葉であって法令ではなかったが、他の法令によって法的拘束力をもった。

　憲法発布（1889（明治22）年）、国会開設（1890（明治23）年）、そして教育勅語によって、国の形のおおよそが示された。しかし、この段階ではまだ普通選挙（一定の年齢で国民全員が選挙権をもつ）は実現せず、教育も国民の権利ではなく、恩恵として与えられたものであった。国家の権威の源泉、そして国権の主体として天皇がすえられたことによって、国の安定は得られたが、後にナショナリズム（政治的な単位と文化的あるいは民族的単位を一致させようとする思想および運動[*2]）が

---

*2　E・ゲルナー『民族とナショナリズム』岩波書店，p.1，2000.

高揚するとともに、一部の者に利用され、結果的に極端な国家主義が誕生する背景となった。

近代教育の整備

1880年代においては、義務教育就学率は約50％で推移していたが、教育勅語が出された1890年代以降、就学率は上昇した。1900（明治33）年には80％、1905（明治38）年には95％（**図表8-1**）と、世紀転換期には国民皆学がほぼ達成された。

写真8-1 教育勅語
出典：杉浦重剛『教育勅語 昭和天皇の教科書』勉誠出版, pp.4～5, 2002.

基礎教育に続く教育についていえば、1886（明治19）年に最初の「中学校令」が勅令で制定された。これによって、尋常中学校（12歳で入学、5年制）と高等中学校（2年制）が設置された。1894（明治27）年には「高等学校令」が出て高等中学校は改組され、高等学校（＝旧制高校）となった。尋常中学校から高等学校へ、そして高等学校から帝国大学（1886（明治19）年：帝国大学令）へという男子エリート教育の道すじがつくられたのである。

女子の場合、規定がないまま高等女学校が存在し、1890年代以降になってようやく法的整備が行われた。1899（明治32）年、「高等女学校令」が出され、高等女学校は高等小学校2学年修了で入学する「女子に須要なる高等普通教育」を行う学校と規定された。女性に対する帝国大学の門戸開放は1913（大正2）年、東北帝国大学に3名の女子学生の入学が許可されたのが嚆矢である。ほかの帝国大学でも、わずかながら入学が許可された（北海道帝国大学、九州帝国大学など）。狭き門ではあったが、女性が帝国大学で高等教育を受ける道が存在した意義は大きい。

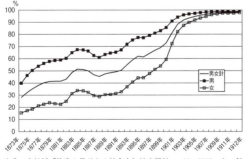

図表8-1 義務教育就学率の推移（1873～1912年）

出典：小針誠『教育と子どもの社会史』梓出版社, p.30, 2007. を一部改変。

Step2

1. 日本における幼稚園教育のはじまり

　日本で初めて幼稚園が開設されたのは、1870年代のことであった。フレーベル（Fröbel, F.W., 1782～1852年）がドイツで幼稚園を開設したのが1840年であること、また、この時期の日本が未曽有の動乱期であったことを考え合わせると、非常に早い時期における創設といえよう。公的な関与による最初の幼稚園は、1876（明治9）年に創設された東京女子師範学校附属幼稚園である。同園の教育内容は、フレーベル主義に基づく教育を受けた松野クララ（1853～1931（昭和6）年）が招かれていることからも明らかなように、フレーベルの思想と実践の影響が大きかった。実際、明治期における幼稚園の教育内容は、フレーベルの恩物を用いた教育が、教育時間の半分近くを占めていた。しかし大正期に入ると、恩物そのものを用いた指導は、ほぼ半減している*3。子どもの主体性を尊重した、より自由度の高い教育が行われるようになったのである。もちろん、恩物自体に問題があったわけではない。恩物の真価を理解し、子どもが創造性を十全に発揮できるように導きうる教師がいなかっただけのことである。倉橋惣三（1882（明治15）～1955（昭和30）年、日本保育学会初代会長）は、同幼稚園で形式主義（内容よりも形式を重んずる考え方）に陥っている恩物教育をなげき、恩物をごみ箱に放り込んだという。ただし、フレーベルの教育実践が紹介された明治時代から、およそ100年の時を経た平成の時代になって、ようやく恩物教育は子どもの創造力の十全な発露（創造性において子どもは大人よりも優れている）という点で新局面をみせており注目される*4。

2. 倉橋惣三の教育思想

　倉橋惣三は、日本における近代的幼児教育の父、あるいは日本のフレーベルとも称される人物である。アメリカの幼稚園改造運動に学んで保育理論研究を行い、1926（昭和初）年には幼児の生活を基本とする保育理論（いわゆる「誘導保育論」）を構築し、日本の幼児教育の基本的な方向づけを行った。

　「誘導保育論」の方法について簡単に述べると、それは①自己充実─②充実指導─③誘導─④教導という4段階で示される。①自己充実とは、子どもの生活それ自体に自己充実の力があるという考え方を前提として、その力の十分な発揮を助ける

---

*3　清原みさ子『手技の歴史──フレーベルの「恩物」と「作業」の受容とその後の理論的、実践的展開』新読社, p.24, pp.290～291, 2014.
*4　和久洋三『子どもはみんなアーティスト』玉川大学出版部, pp.106～111, 2006.

設備（環境）の用意と自由の保障を行う、②充実指導とは子どもが自分の力で充実したくてもできないところを指導する、③誘導とは、刹那的・断片的になりやすい子どもの生活を補うために、幼児の興味に即した主題をもって幼児の生活を誘導する、④教導は主に学校教育で行われるものであるが、保育の最後に少しだけ行う、という内容である。

　倉橋は、東京大学で児童心理学を学んだ後、先述した東京女子師範学校附属幼稚園で長く主事を務めた。戦後は、教育刷新委員会で委員を務め（『保育要領』作成）、日本保育学会を創設、日本の幼児教育界を終始リードし続けた。思想的には、フレーベルとデューイ（Dewey, J., 1859～1952年、シカゴ大学・コロンビア大学教授）に多大な影響を受けている。フレーベルの影響についていえば、遊びに没頭する子どもの創造性の偉大さを指摘した遊び観、個の自発性を大切にする人間観に強い共感を示した。倉橋は、子どもの自発的活動の基本を遊びとし、子ども自身（個人）の自発性を活動の出発点とした。この考え方は、倉橋ひとりの思想にとどまらず、日本の幼児教育の基本となった。

　デューイの影響についていえば、子どもの生活を重視し、子どもの活動における自発性を重んじる点において、倉橋は強い影響を受けた。デューイの学校批判は、学校で学ぶ知識が、子ども自身の興味・関心という内在的なものと関連せず、また、学校の外側にある社会とも関連性をもたない、いわば「死んだ知識」であることを批判するものであった。デューイは、学校が社会に向かって開かれていることに人々の注意を喚起し、その教育内容は子どもの興味・関心に発しつつも、同時に社会へと目を向けたものであるべきこと、そして、子どもは主体的に何を学ぶのかを考え、そして何が学ばれるべきなのかを全員が考え、構成と再構成を積み重ねていくべきであるとした。倉橋は、1919（大正8）年から2年間のアメリカ留学から帰国後、「個人を個人として教育すると云ふ旧い目的に対して、個人を社会の一員として教養する」ことを目的とする教育への転換を主張しており、デューイ思想の影響を受けて、社会のなかの個人という視点を取り入れたといえよう。

　しかし、デューイと倉橋には、遊びと作業の位置づけ方に違いがあった。デューイが、遊びを作業（家庭や地域における現実的な仕事）のなかに包括されるものとみなしたのに対して、倉橋は、作業を遊びのなかに包括されるものとみなした。作業の方が、より現実的な目的をもっているという点で、デューイの方が社会的性格や態度の形成をめざす「社会的教育主義」の傾向がより強いといえそうである。

　戦後になると倉橋は、『幼稚園保育法真諦』を著した1934（昭和9）年当時に立ち返り、幼児の自発に重きをおく「自発保育」を真諦（本当の道）として再提示し

た（1953（昭和28）年）。プラグマティズム（実用主義、「経験不可能な真理を人間は考えることはできない」という基本的視座に立つイギリス経験主義の系譜、デューイを含むシカゴ学派が有名）やナショナリズムに影響される形で、倉橋の幼児教育論は、社会性を志向する度合いを強めたり、ナショナリズムに同調したりと変化したが、最終的にはフレーベル最晩年の境地（無心に子どもたちと日がな一日遊ぶ神仙のごとき境地）に近づいたと思われる。保育者の作為を排したところに成立する互いの人間性による人間性の教育、それが最晩年に到達した倉橋の「保育の要訣（最も大事なところ）」であった*5。

> **倉橋惣三の墓所にある句碑**
> 　自ら育つものを育たせようとする心
> 　それが育ての心である
> 　世の中にこんな楽しい心があろうか
>
> 出典：倉橋惣三『新版 育ての心』清水書房, p.1, 1946.

3. 城戸幡太郎の教育思想

　倉橋惣三とならんで、戦前から戦後にかけて、長く日本の保育界における理論的支柱となった人物、それが城戸幡太郎（1893（明治26）〜1985（昭和60）年、法政大学・北海道大学教授）であった。倉橋と同様、東京大学で心理学を学んだが、倉橋と違って大学人として生きた人物である。思想的にも両者は対照的である。倉橋が主に個人の自発・発展に目を向けたのに対し、城戸は子どもと社会の関係に着目し、社会を担う主体としての子どもという視点を強調した。倉橋がアメリカに留学し、デューイおよびシカゴ派の甚大な影響を受けたのに対し、城戸は1922（大正11）年から1924（大正13）年までドイツに留学し、ペーターゼン（Petersen, P.）の影響を受け、「有用が真理を規定しない」としてプラグマティズムの論理を批判している。

　城戸が取り組もうとした最大の課題は何であったか。それは、ネイションが形成される前提である「自由な労働者（旧体制における共同体の拘束を離れて、都市部に居住するようになった被雇用者層）」の存在を前にして、これらの人々を新たな意匠のもとに「結びつけること」であったと思われる。実際、城戸は戦時中の自己の思想について、「わたくしの思想には資本主義的機構の改革を必要とする社会主義的思想のあったことは事実であり、（中略）ただそれを実現するために、階級

---

*5　辻本雅史監，湯川嘉津美・荒川智編著『幼児教育・障害児教育』日本図書センター，p.216, 2013.

闘争による方法を採らず、教育によらしむとしたのである」と戦後に回想している*6。城戸の幼児教育論は、1930年代においては「社会中心主義保育」と自己規定されていたが、1940年代になると政局に合わせて重大な変化をみせた。

　城戸の「社会中心主義保育」とは、国民生活向上と福祉が実現される社会の形成、すなわち「民生の慶福(けいふく)」を理念とし、その理念実現の未来の担い手である子どもに「社会協力の精神」を育てようとするものであった。ところが、1940年代になると城戸は、保育の目的について「子供の自己中心主義を社会中心主義へ転換させて、将来は国家中心主義の立派な国民に錬成しなければならぬ」と述べ、戦時体制下の国家総動員体制に従属したかのような教育論にまで至っているようにみえる*7。

　ネイションを結びつけるための方法論として、人間が原初的にもっている自己中心性を子ども期の教育によって転換し、利他的な人間による利他的な社会構築を行う、という城戸の言説は、確かにわかりやすい。しかし、「社会協力の精神」をもった子どもの育成という地点から、「国家中心主義の立派な国民」の育成という地点まで、わずか数年、あっという間に疾走していった思想のありように注目すべきであろう。

　戦後70年を経た現在、われわれ日本国民はどんな社会に生きているであろうか。利己主義が跋扈(ばっこ)し、都市部では住民を結びつける紐帯など何も存在しないかのようである。また農村や山村においても、住民の老齢化によって、共同体は崩壊の危機に瀕(ひん)している。戦前において教育勅語が果たしたような、国民相互を結びつける強力な「物語」は不在である。その不在をねらって、拝金主義（マモン）がわが物顔で人々を動かし、インターネット上ではヘイトスピーチがあふれて問題になっている。浮遊するネイションをいかにまとめるのか。城戸が追い求めたテーマは、われわれのテーマでもある。利己主義に陥(おちい)ることなく、行き過ぎた全体主義にも与(くみ)することなく、個人と社会のあり方が問い続けられなければならない。その際、城戸が着眼していたように、幼児教育が、そして広く教育が重要であることは間違いないであろう。

---

*6　大宮勇雄「城戸幡太郎の幼児教育制度論——戦前の「幼保一元化」動向をめぐって」『東京大学教育行政学研究室紀要』①, p.136, 1980.
*7　同上, p.132

Step3

戦後の社会の変化と幼児教育

　明治維新によって開幕した日本の近代は、1945（昭和20）年、人類史上初の原爆投下、そして敗戦というカタストロフによって1つの区切りを迎えた。ここでは、戦後の幼児教育の進展について、日本全体の変化に目配りしつつ概説する。

　1947（昭和22）年、日本国憲法が施行され、日本は永久に戦争を放棄することになった（第9条）。また、国権の主体は、天皇ではなく国民になった。国民の代表による議論を基盤とした民主主義体制が築かれることになったのである。「日米安保条約」（1960（昭和35）年締結）という傘の下、もっとありていにいえば、アメリカが保有する核の傘の下、日本は未曾有の高度経済成長（1954（昭和29）～1973（昭和48）年）を果たした。企業戦士となった男性は外で働き、妻は家庭で家事・育児に専念するというあり方が多くみられ、このような男女・家族のあり方がよしとされた。しかし、専業主婦の数は1980年代に急減し、1990年代以降は、共稼ぎ世帯の方が多くなった。石油ショック（1973（昭和48）年）を経て、1980年代に家族のあり方に明らかな変化が生じたのである。

　雇用の分野における男女の均等な機会及び待遇の確保等に関する法律（現行法の名称。通称は男女雇用機会均等法）（1985年制定）が施行され、バブル景気（1986（昭和61）～1991（平成3）年）の狂乱を経て、多様な価値観が許容されるようになり、未婚化、晩婚化、少子高齢化が国家の根幹を揺るがすほど加速した。特に少子化は予想以上に速く進み、1973（昭和48）年の合計特殊出生率（1人の女性が一生の間に産む子どもの平均数。以下、出生率）は2.14であったが、2005（平成17）年には戦後最低の1.26を記録し、およそ30年の間に出生率が半分近くにまで割り込んでしまった。政府の必死の対策（1995（平成7）年：エンゼルプラン実施、2000（平成12）年：新エンゼルプラン実施、2005（平成17）年：子ども・子育て応援プラン実施など）と、保育にたずさわる人々の努力、また、いわゆる「イクメン（子育てを積極的に行う男性）」に代表されるような子育てに対する社会的価値観の変化などの成果からか、2013（平成25）年現在の出生率は1.43で、過去最低（1.26）だった2005（平成17）年より後は、出生率は微増傾向にある。

　少子化に悩む現在と違って、戦後間もないころにはベビーブーム（第1次：1947（昭和22）～1949（昭和24）年、第2次：1971（昭和46）～1974（昭和49）年）が起こり、多くの子どもたちの教育・保育は幼稚園と保育所によって、いわば、すみ分ける形で担われた。幼稚園は「学校教育法」（1947（昭和22）年制定）によって、「学校」として位置づけられた。「幼稚園は（中略）幼児を保育し（中略）適当な環

境を与えて、その心身の発達を助長することを目的とする」とされ、独立した教育機関として規定されたのである。「保育」という言葉は、戦前までは主に幼稚園で使われてきたが、戦後になると、「児童福祉法」（1947（昭和22）年制定）によって保育所が法的に規定されたために、保育という言葉は、主に保育所と結びつけられる形で使用されるようになった。さらに1956（昭和31）年には、保育所では「保育に欠ける乳児又は幼児を保育する」とされ、要保育児が規定された。母親が専業主婦などで育児が家庭で可能な場合、その子どもは3歳から幼稚園に通い、何らかの事情で「保育を必要とする」場合、その子どもは保育所に預けられることになった。両者を管轄する省も、幼稚園は文部省（現・文部科学省）、保育所は厚生省（現・厚生労働省）というように異なった。

　いわゆる幼保一体化という問題は、1960年代から議論されてきた。しかしながら、幼稚園は教育施設、一方保育園は福祉施設というように、それぞれを管轄する行政の枠組みが異なり、また、つくられてきた経緯、慣行、法的バックグラウンドがあまりにも異なるために、一体化はうまく進んでこなかった。しかし、子育てをめぐる社会的状況の変化を背景に、また、世界各国が一体化を推し進め始めたこともあり（スウェーデン、ノルウェー、ニュージーランド、チリなど）、それぞれの施設の改革、そして幼保一体化への動きが、近年展開をみせ始めている。

　その展開の概略を見てみよう。2008（平成20）年、幼稚園教育要領が改定されたが、その改定のポイントは、第1に、小学校教育等との円滑な接続をめぐる問題、第2に、体験の質を問い豊かなコミュニケーション能力と表現能力を育成する問題、第3に、地域における子育て支援の中心としての位置づけの問題であった（同じく2008（平成20）年、幼稚園だけでなく保育園も、保育所保育指針によって子育て支援の中心として位置づけられた）。親の労働環境などに関係なく、子育て支援の総合的な提供を行う施設が必要であるという議論を背景として、2006（平成18）年からは認定こども園が、そして2015（平成27）年からは幼保連携型認定こども園の制度が始まった。現在のところ、幼稚園、保育園、幼保連携型認定こども園、小規模保育など、多様な施設が混在した状況にある。子育てをする親にとって、選択肢が増えたことはよいことである。個の主体的成長を助長するという保育の伝統と、社会全体の利益のために奉仕するという社会主義的保育の伝統、その両方をもつわが国は、戦前の反省と戦後の保育・教育の伝統を活かしつつ、個と全体両方にとって最善の子育てのあり方を模索しているまさに真只中にあるといえるであろう。

参考文献

- 大宮勇雄「城戸幡太郎の幼児教育制度論──戦前の「幼保一元化」動向をめぐって」『東京大学教育行政学研究室紀要』①，1980.
- E・ゲルナー，加藤節監訳『民族とナショナリズム』岩波書店，2000.
- 杉浦重剛『教育勅語 昭和天皇の教科書』勉誠出版，2002.
- 網野善彦『日本の歴史をよみなおす（全）』筑摩書房，2005.
- 和久洋三『子どもはみんなアーティスト』玉川大学出版部，2006.
- 小針誠『教育と子どもの社会史』梓出版社，2007.
- 福田和也『教養としての歴史 日本の近代（上）』新潮社，2008.
- 福田和也『教養としての歴史 日本の近代（下）』新潮社，2009.
- 古沢常雄・米田俊彦編『教師教育テキストシリーズ③ 教育史』学文社，2009.
- 辻本雅史監，湯川嘉津美・荒川智編著『論集 現代日本の教育史③ 幼児教育・障害児教育』日本図書センター，2013.
- 清原みさ子『手技の歴史──フレーベルの「恩物」と「作業」の受容とその後の理論的、実践的展開』新読書社，2014.
- 独立行政法人労働政策研究・研修機構「統計情報Q＆A：専業主婦世帯数と共稼ぎ世帯数の推移」 http://www.jil.go.jp/kokunai/statistics/qa/a07-1.html
- 筒井清忠『日本型「教養」の運命──歴史社会学的考察』岩波書店，2009.
- 平田諭治「国家と教育」，鈴木理恵・三時眞貴子編著『教育の歴史・理念・思想』協同出版，2014.
- 汐見稔幸監，中山昌樹『認定こども園がわかる本』風鳴舎，2015.

第9講

子ども観と教育観

子どもを大人と区別し、保護・教育の対象とみる近代的子ども観は、ヨーロッパにおいては17世紀以降に登場した。一方日本では、「家」制度の登場とともに、江戸時代において一般化していった。したがって、ヨーロッパおよび日本においては、ほぼ同時期の17世紀ごろから近代的子ども観が広がっていったといえよう。本講では、日本と西洋の子ども観と教育観について、その登場の背景、および歴史的変遷について解説する。

Step 1

1. 日本における近代的子ども観の登場と歴史的変遷

中世〜近世の子ども観の変化

　古代中世の日本において、男は15歳まで、そして女は13歳まで、「童（わらわ）」と呼ばれた。童といっても、現代の「子ども」と同じ意味ではない。当時、成人に達した男子は烏帽子（えぼし）などのかぶりものを着用するのが一般的であったが、下人や従者など社会的に低くみられた者は、成人に達しても童形の髪型で通したという。つまり、「童とは社会的に一人前とはみなされない者」を意味していた。

　童を取り巻く状況は、現代人の目からみれば過酷かつ猥雑（わいざつ）であった。子捨て、子殺し、人身売買、疫病、戦乱などによって、童たちの命は常に危機に瀕（ひん）していた。中世の子どもたちは、短命な「かげろう」のように儚（はかな）い存在であったと同時に、大人に混じって力強く働き、かつ生き生きと遊ぶ「小さい大人」でもあった。

　では、どのように近代的子ども観は登場してきたのか。その背景には、「家」制度の成立があった。「家」とは、「固有の家名・家産・家業をもち、父系直系のラインで代々継承されていく、永続的な組織体」を意味する。家制度の成立時期についていえば、武士の場合はやや早く、農民でも16世紀中期（戦国時代）以降には、嫡男（ちゃくなん）だけが土地財産のほとんどを相続する単独相続が一般化したという[*1]。それ以前は、分割相続が一般的（女子にも相続権あり）であった。単独相続を行う地域は権威主義的傾向が高いというトッド（Todd,E.）の議論[*2]を思い出すとき、日本で単独相続が一般化した歴史はさほど長くなく、400年から500年程度でしかないという点は注目すべき事実であろう。江戸時代中期になると、民衆の間に家が成立し始め、子どもという存在のあり方が大きく変わっていく[*3]。家を継ぐ大切な存在として愛情を注ぎ教育を行う対象とみなすような子ども観が、江戸時代において多くの階層に広がっていった。

近世の子どもの姿

　遊びのあり方も、17世紀を境に変化がみられる。中世までは大人の遊びと子どもの遊びが未分化で、大人と子どもが同じ遊びに打ち興じる姿が記録されている（2

---

*1　坂田聡『日本の家制度——その歴史的な起源』http://www.yomiuri.co.jp/adv/chuo/opinion/20130115.html
*2　E・トッド，荻野文隆訳『世界の多様性　家族構造と近代性』藤原書店，p.108，2008.
*3　鈴木理恵・三時眞貴子編著『教師教育講座② 教育の歴史・理念・思想』協同出版，p.174，2014.

人の男が輪にした1本の褌を引き合う褌ひきという遊びや石投げ合戦など）。ところが、17世紀になると両者の分化が始まり、さらに18世紀から19世紀初頭になると、子どもの発達段階に応じた遊びが発展してくる。乳児には、起き上がり小法師や豆太鼓など感覚に訴えるような遊びが、そして年齢が上がると、鬼ごっこ、かくれんぼなどのゲーム的な遊びがみられるようになる。また、子ども用の絵本も17世紀に現れた。寛文年間（1661～1672年）の『牛若千人切り、はし弁慶』（牛若とは源義経の幼名）が、最初の絵本といわれている。

　江戸時代の経営主体である家は小家族で成り立っていたので、子どもも重要な働き手であった。田畑の仕事（牛の手綱引き、草刈りなどの補助的な仕事）、子守り、家畜の世話、運搬など、さまざまな仕事が子どもの仕事として割り当てられた。仕事の面でも、家制度の一般化によって子どもは重要性を増したといえよう。ただし、ほとんどの場合、家はぎりぎりの状況のなかで存続していたので、間引き、子殺しがなくなったわけではない。残された記録から、庶民の場合、特に第3子以降の女子が間引きの対象になっていたことが推測される（**図表9-1参照**）。おそらく、労働力として男子の方が女子よりも価値が高いとみなされていたのであろう。障害児が生まれた場合も、鬼子などと呼ばれ、間引きの対象になった。

　生かされた子どもたちは、それぞれの継ぐべき家に合わせて教育を受けた。江戸後期には、**第8講**で述べたとおり教育ブームが起きている。まず、武士についてみてみよう。1790（寛政2）年、朱子学が幕府の教学の正統と定められ、官立の昌

図表9-1 出生順位別性比
（武蔵国甲山村、1792～1871年）

		出生順位[1]				最終出生児[2]
		1	2	1＋2	3以上	合計	
I	上層						
	男	14	9	23	16	39	6
	女	14	8	22	20	42	5
	性比[3]	100	113	105	80	93	120
II	下層						
	男	41	34	75	56	131	39
	女	45	31	76	29	105	14
	性比	91	110	99	193	125	279
合計	男	55	43	98	72	170	45
	女	59	39	98	49	147	19
	性比	93	110	100	147	116	237

（注）1）出生時の生残順位。
　　　2）妻が40歳になるまで結婚が継続したケースのみ。
　　　3）性比は女を100としたときの男の割合。
出典：小針誠『教育と子どもの社会史』梓出版社、p.6、2007.（鬼頭宏『人口から読む日本の歴史』講談社、p.211、2000. をもとに作成。）

平坂学問所が設置された。各藩でも藩校が設立された。藩士の子弟は藩校に通って主に漢学を学んだのである。漢籍解釈のスタンダードが定められたことによって上層の町人や農民の子弟も漢学塾に学ぶケースも現れ、学問のすそ野が広がった。

庶民は手習い塾に、早い場合は満5、6歳で入門し、仮名から始めて、数字、名頭字（人名用漢字）、日用文章（証文などの模範文例）、地名などを学習した。これらの基礎コースを修了すると、往来物の学習にまで進んだ。豪商の家訓書をみると、家長といえども家にとっては奉公人の1人とみなされており、家の論理の方が個人の論理よりも優先されていたことがわかる。

2. 西洋における近代的子ども観の登場と歴史的変遷

子どもを大人と区別し、保護・愛情・教育の対象とみる子ども観は歴史的産物にすぎず、近代以降にヨーロッパで主流になった子ども観である。このように指摘したのは、日曜歴史家、アリエス（Ariès,P.,1914〜1984年）の『アンシアン・レジーム期の子供と家族生活』（原著1960年）であった。残された文書だけでなく、図像、彫刻、墓碑、あるいは習俗といった日常生活の集積物にまで目を向けて、人々の心性（心のありよう）を解読していくアリエスの手法は斬新なものであった。長く歴史家は子どもに無関心であったが、アリエスが投じた一石は大きな反響を呼び、これ以後、子ども観史は大きく進展した。アリエスの一節[*4]を読んでみよう。

中世において、また近世初頭には、下層階級のもとではさらに長期にわたって、子供たちは、母親ないしは乳母の介助が要らないと見なされるとただちに、すなわち遅い離乳の後何年もしないうちに、七歳位になるとすぐ大人たちと一緒にされていた。この時から、子供たちは一挙に成人の大共同体の中に入り、老若の友人たちと共に、日々の仕事や遊戯を共有していたのである。

大人に交じって生活するヨーロッパ中世の子どもたちの姿は、先述した中世期の日本の子どもたちのそれと重なる。近世期の子どもたちの遊びを描いたブリューゲル（Bruegel,P.,1525?〜1569年）の「子供の遊戯」という絵画（1560年）を覗いてみよう（写真9-1）。ここには、子どもの遊びが約90種類も描かれている。コマ回し、輪回し、人形遊びなど、数々の遊戯が画面いっぱいに詰め込まれ、子どもたちの嬌声が聞こえてきそうである。子供の遊戯というタイトルからも明らかなよう

---

*4　P・アリエス，杉山光信・杉山恵美子訳『〈子供〉の誕生――アンシアン・レジーム期の子供と家族生活』みすず書房，p.384，1980.

Step1

写真9-1 「子供の遊戯（一部）」（ブリューゲル画）

に、16世紀に生きたブリューゲルが子どもに注目していることがわかる。遊びを分類すると、伝承遊び、宗教行事の模倣遊び、身体を使った遊び（馬跳びなど）、自然と関係した遊び（虫取りなど）、地域特有の遊び（クルミの風車遊び）など多種に及ぶ。この絵には、子どもに無頓着な中世的な猥雑さと、子どもへの注目という近代的な価値観の芽生えが同居しており、興味深い。

近代的子ども観の登場

　17世紀以降に近代的子ども観が登場した背景として、裕福な中間的階層が増加したこと、彼らが多産、子育ての外注（乳母・家庭教師の雇用）などの貴族的な子育てをあまり好まなかったこと（全面的模倣は経済的に不可能）、そして、人間の行動、生き方などを省察・叙述するモラリスト（16世紀のモンテーニュ（Montaigne,M.E.）、17世紀のパスカル（Pascal,B.）、ラ・ロシュフコー（Rochefoucauld,F.）など）や、その他著述家による近代的子ども観の称揚などがあげられる。ルソーの、いわゆる「子どもの発見」以前に、人々はすでに、愛によって結ばれた家族のなかで保護され愛される存在としての子どもという価値観を育んでいた。それは一方では、大人からみたときの「よい教育」によって囲い込まれ、監視される子どもたちの苦悩という運命をも招き寄せた（**Step 2 図表 9 - 2** のJ・S・ミル参照）。

　18世紀になると、子どもの猥雑さ、狡猾さといった性格を描写する物語は少なくなり、無垢な存在としての子どもというイメージが描かれ、定着していった。この傾向は、文学に端的に表れている。シンデレラ、赤ずきんちゃん等を所収した『ペロー童話集』を著したペロー（Perrault,C.,1628～1703年）や『グリム童話集』で有名なグリム兄弟（Brüder Grimm, 19世紀ドイツで活躍した大学人・著作家・画家）が集めた古い童話のなかに棲む、悪い魔女を騙して逆に殺すような狡知に長けた子どもたちは後景に退き、ロマン派が描く、純粋で愛らしく、その純粋さで大人を啓発するような子ども像が一般にも広がっていった（ロマン派は、自然を称え、個人の感情や想像性を強調したが、第一次世界大戦がもたらした大量破壊と、それを阻止できなかった人間精神の無力を前に低調になっていった）。

Step2

近代の教育に重要な影響を与えた教育思想

　子ども期を特有のものとみて、子ども期にふさわしい教育を行おうとする近代的教育思想が数多く登場した。以下の表は、そのなかの主だった人々について、思想の背景と独自性について簡潔にまとめたものである（コメニウス、ペスタロッチーについては**第6講参照**）。

図表9-2 主な近代的教育思想

名前・生没年・出身地・主著など	思想の背景	思想の独自性
ロック (Locke,J.,1632－1704) イギリス オックスフォード大学講師、医師、政治顧問等 『教育に関する考察』(1693年) 	17世紀イギリスは二重革命（ピューリタン革命、名誉革命）の時代であった。ロックはピューリタンの家系に生まれて、激動の時代に翻弄され、オランダに亡命せざるをえない時期もあった。名誉革命によってメアリー妃に従い帰国した。王権の肥大化を阻止するために、ロックは三権分立制を唱えた（フランスのモンテスキュー（Montesquieu,C.）に大きな影響を与えた）。絶対的権力に対抗しうる強靭な個人を創出する必要に迫られた当時の状況から、個人の信頼性の根拠として「理性」を重視した。	生得観念説を否定（ただし生得の善への志向性を措定）し、人間精神を「白紙」と見立て経験論を展開。習慣が倫理的徳を形成すると考えた。人間精神を律するものとして外的規律ではなく内面化された規律をあげた。習慣が倫理的徳を形成するという考え方は、アリストテレス（Aristotelés,B.C.384－B.C.322）からトマス・アクィナス（Thomas Aquinas,1225頃－1274）、そしてロックへと連なるものである。彼は規律の主体的内面化を重視したが、学習者が従順でない場合の最終手段として鞭による懲治を認めていた。「強情な不従順は力と打撃で制圧されねばなりません。(『考察』、第78節)」
ルソー (Rousseau,J.,1712－1778) スイス 著作家、作曲家 『エミール』 (1762年) 	極端な不平等が社会に存在し解決されないままに放置され、個人の自由はしばしば権力によって圧迫されていた。「すでに始められてしまった人為」の欠陥をいかに解決するのかが彼の大テーマであった。『社会契約論』において、先の「悪しき人為」に対し「完成された人為」を対置することによって解決の突破口を見いだそうと試み、自己の意志にのみ服従するように強制される相互的な契約によって新たな政治体を構成しようと考えた。このような契約を可能にする前提が徳性の獲得であり、それをテーマとした著書が『エミール』であった。	「大人になる前に子どもがどういうものであるか」を探求した点に独自性がある（いわゆる「子どもの発見」）。文明の進歩がもたらしたと思われるものをすべてはぎ取り、そこに立ち現れてくるぎりぎりの裸の存在として「自然人」を措定。自然人の進歩の過程を、「個の保存」→「他者へ向かう愛（男女の愛）」→「人類愛」とした。ロックの教育思想と近似（生きる能力を身につけさせるという点では同じ）していたが、ルソーはそのためのカリキュラムを、大人がもっている文化（行動様式）に求めなかった。その文化にこそ、人間を堕落させる原因が内在していると考えたからである。

Step 1　**Step 2**　Step 3

コンドルセ (Condorcet,N.,1743－1794) フランス 政治家、数学者 『人間精神進歩史素描』 (1795年) 	最後の啓蒙思想家と呼ばれた（啓蒙思想：人間の知的・道徳的・社会的進歩が生活の物質的な面での進歩をもたらし不正を追放して自由・平等・公正な社会を実現しうると考える）。思想家であり革命家でもあった彼の生を一言でいうなら、革命の矛盾（自由・平等・友愛といった高邁な理念と民衆の力という光の部分と、断頭台の血しぶきと怒号に象徴されるような人間精神の闇）との格闘と呼べるかもしれない。啓蒙思想の人間観を支える中心概念は「理性（＝自然の真理と社会的・道徳的真理への認識能力）への絶対的信頼」といえる。彼は理性信仰に生き、その殉教者として死んだ（恐怖政治の犠牲となり獄中で自殺）。	教育の国家的意義、万人に普通教育を行う意義、教育の中立、能力主義、知育の重視といった19世紀後半に成立する近代公教育制度の原理を、時代に先んじて提唱。彼は革命を生きた人でもあったので、これらの理念が孕む矛盾を、実体験のなかで鋭く認識していた。彼が「教育の自由と中立」を主張するとき、その言葉は教会権力や王党派からの自由という含意とともに、暴走する民衆からの自由をも意味していた。公教育の内容を知的教育に限定し、知識人による中央集権的な教育管理を提唱した背景には、啓蒙理念の反映だけでなく、公教育理念の孕む深刻な矛盾に対する切実な解答としての側面があった。
ヘルバルト (Herbart,J.F.,1776－1841) ドイツ（オルデンブルク大公国） ゲッティンゲン大学教授 『一般教育学』(1806年) 	ルソーと同様、近代を貫通するテーマである「人間の利己心をどうコントロールするか」について考察した。ルソーは子ども時代を生理的欲求にとどまらせるため肉体の鍛錬に集中させ次の段階の準備としたが、ヘルバルトは子ども期にも理性につながる精神性の萌芽を探索しようとした。	教育という営みを構成している概念を体系的に構成して、その全体像を示そうとした。教育作用は管理、教授、訓練の3部門に分かれ、管理は教授の準備、訓練は教授の完成をめざし、その中心は教授であり、教授は明瞭、連合、系統、方法の4段階をもつとした。
フレーベル (Fröbel,F.W.,1782－1852) ドイツ 教育者 『人間の教育』 (1826年)  出典：写真6-3と同じ	フレーベルは、汎神論的世界観（世界は神の自己流出の産物で、すべてに神性が存在すると考える。スピノザ（Spinoza,B.）が有名）をもっていた。人間は自然と違って自覚的に「内的なものの表出」を行わなければならない。自覚が必要であるがゆえに、人間の場合、教育が重要問題として浮上することになる。 　世界のすべてに神性が内在するとするならば、この世に悪が存在するのは事実なので、汎神論はたちまち汎悪魔論へと変化する。したがって汎神論はキリスト教において異端とされる。彼の汎神論的世界観を考慮に入れれば、彼の幼稚園が政府によって異端的という理由から禁止令を出されたのは、単なる誤解とは片づけられなくなってくる。	「遊び」に没入している子どもに「神性（創造性）」を発見。フレーベルは、ペスタロッチー（Pestalozzi,J.H.）の学校で多くを学んだが（1808－1810）、結局相容れず、ペスタロッチーの元を去った。その原因として、学校内での教師間の反目、ペスタロッチーの経営能力の低さなどがあげられているが、真の原因は根本的人間観の相違にあるのではないか。ペスタロッチーは人間のなかに内的諸力の発達の契機をみており、確かにフレーベルの人間観と親和性をもっているものの、ペスタロッチーの機械論的人間観（「人間は教育次第でいかようにもなりうる」）は、フレーベルの人間観（「人間は生まれながらに諸力すべてを秘めている」）とは相容れないはずだからである。

第9講　子ども観と教育観

名前・生没年・出身地・主著など	思想の背景	思想の独自性
J・S・ミル (Mill,J.S.,1806－1873) イギリス 政治家 『自由論』（1859年） 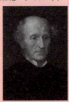	19世紀は「青年」の発見の時代であったとされる。徒弟制の解体等の社会変化により、思春期の青年が家庭にとどまるようになって、「親子の葛藤」が社会問題として浮上してきた。ミルも、やはり父子の「葛藤」を経験し、大変な挫折感を経て、主体的〈自己形成〉、そして〈真の自由〉を模索する茨の道を歩んだ。3歳からギリシャ語の教育を受ける一方で、16歳まで母国語〈r〉の発音すらうまくできなかったという。父ジェームズは、ベンサム(Bentham,J.,1748－1832)を筆頭とするベンサム主義者の副官的存在であり、息子をベンサム主義の後継者として育成しようとしていた。ベンサム主義者の中心的主題は「最大多数の最大幸福」を原理とする政治改革であった。ミルは、トクヴィル(Tocqueville,A.,1805－1859)の『アメリカの民主主義』に刺激を受け、「多数者の専制」を予知、そこでの個人の自由がいかにして確立されるかを考察した。近代に入り大衆が政治主体として現れてきたとき、重要な局面で公正な判断を下す能力を欠いた者による支配という恐怖が胚胎した。	民主主義には「衆愚政治」に陥る危険性がある。その危険を回避する主体として「現在を相対化しうる力をもち、異質な考え方に開かれた主体」、すなわち公衆を措定した。現在のみに目を奪われるのではなく、現在を相対化してみることのできる視野の広さを養うため、古典教育（ギリシア・ローマの古典を用いた人間教育）をあげている点が注目される（ただし、将来政治を担うエリートに対して伝統的に古典教育が行われてきたことを考えると、方法論自体は新しくない）。彼の思想の独自性は、「最大多数」が「自分たちの幸福」のために専制政治を行う危険を回避するため、あらかじめそれを阻止する人間の教育システムを組み込んだ民主主義体制を主張した点にある。ただしミルは、「まったくの自由放任は自由を保証しない」として、国家の介入の必要性を論じた。「多数者の専制」に抗する手段としても国家の介入が必要であるとした。また、父の専制的英才教育にあれほど苦しめられたにもかかわらず、子どもには自由を認めていない（「専制政治は未開人を取り扱うための正当な統治方法である」）。
エレン・ケイ (Key,E.,1849－1926) 教育者 女性運動家 『児童の世紀』（1900年） 	学校教育が普及し、19世紀末から20世紀初頭にかけて、先進諸国の多くで全員就学がほぼ実現した。学校教育は、教師中心、教科書中心のものであった。このようなあり方に異を唱え、子どもの主体性、個性、興味、関心を重んじる子ども中心の教育理念と実践が多数現れた。これが、いわゆる新教育運動で、その嚆矢は、1889年イギリスのセシル・レディ(Reddie,C.,1858－1932)が設立したアボッツホルム校とされる（自然科学などの近代科目の導入、協同と自治の重視）。	子ども中心の教育理念自体は新しいものではない（ルソー、ペスタロッチー参照）。ケイの果たした役割は、世界的ベストセラー『児童の世紀』によって、学校教育のあり方が子どもの学習意欲と主体性を損なっていることに注意を喚起し、子ども中心主義の考え方を幅広い層の読者に広めた点にある。子どもの自然（本性）を活かす教育の重要性を主張し、そのためには男女の愛情と自らの意思に基づく結婚、幼少期における十分な家庭教育が不可欠であると唱えた。

デューイ (Dewey,J.,1859－1952) アメリカ シカゴ大学、コロンビア大学教授 『学校と社会』 (1899年) 	デューイが生きた約100年の間に、アメリカ社会は劇的に変化した。工業化の飛躍的進展、高度資本主義社会の到来、それに伴う貧富の差の拡大、人種差別問題と克服を試みる運動等々。本来子どもは家庭と地域社会のなかで大人と一緒に生活することによって学習し成長していくものであるが、学校はその成長のプロセスを再構成することができず、文字記号による受動的な学習に終始していた。	「子どもが太陽となり、その周囲を諸々の教育の営みが回転する」（旧教育に対するコペルニクス的転回）。デューイはカリキュラムの中心に「作業」をすえ、子どもの自然な成長の再構成を学校において試みた。当初、ヘーゲル哲学に傾倒したが、やがて批判的に克服し、プラグマティズム（実用主義）、実験主義、道具主義などと呼ばれる立場をとった。「観念の正しさは、実際的な状況のなかで、その観念を道具的・実験的に用いて生じた結果によって検証される」。

Step3

> **1. 日本における近代教育の展開**

　明治維新を経て、日本が近代国家として歩み始め、資本主義も進展し始めると、社会構造が変化し、新しい階層が誕生した。「新中間層」と呼ばれる人々である。この階層に注目が集まり始めたのは、1900年代前半（明治後期）以降のことである。新中間層は高い学歴を元手に専門的・事務的な職種に就いて、給与によって生計を立てた。新中間層の「新」とは、農林業や商工業に従事する「旧中間層」との違いを示している。東京の新中間層（会社員、銀行員、医師、弁護士、教師、官吏など）の多くは、関東大震災（1923（大正12）年）後、鉄道資本が開発した都市郊外に移り住んだ。全世帯に対する新中間層世帯の割合は確定的ではないものの、大正期において約5％、この時期の東京だけでみると約1割強とみられる[*5]。

　新中間層は資本家階級と違って、生産手段をもっていなかった。そのかわりに、男性は大学や専門学校などの高等教育卒という学歴をもち、女性は高等女学校や女子専門学校（女専）などの中等・高等教育卒という当時としては高い学歴をもっていた。彼らは子どもに継承すべき生産手段をもっていなかったので、とりわけ熱心に子どもの教育を行った。大正期に入って避妊技術が進むと、より少ない子どもを大切に養育・教育するという子育てのスタイルが、新中間層を中心に広がった。日本における近代的子ども観の担い手として、新中間層は重要な役割を果たした。

　新中間層の場合、夫婦のみの世帯で親と同居していないケースが多く、夫は勤労等のために家を空けることが珍しくなかったため、妻が単独で子どもの養育・教育にあたらねばならないことが多かった。かわいいわが子ではあるが、厳しく教育しなければ、子どもが将来生きる手立てを失うことになる。とはいえ、育児や教育のことを相談できる相手は身近にいない。母親は育児書や教育書を頼り、新教育を支持して、新学校に子どもたちを通わせた（私立小は公立小に比べ約20～30倍の費用がかかる場合があった）。新教育とは、活動主義（樋口勘次郎、1872（明治4）～1917（大正6）年）や、自学輔導（谷本富、1867（慶応3）～1946（昭和21）年）など、子どもの自発的な活動を学びの中心にすえる児童中心主義的な思想および実践を指す。これらのいわゆる大正新教育運動の理論的バックボーンとなったのは、Step 2 の図表9－2に示したデューイ（Dewey, J.）、あるいは『児童の世紀』を著したエレン・ケイ（Key, E.）らの思想と実践であった。及川平治（1875～1939年、子どもの自発的教育をうながす観点から行われた分団式動的教育法）、木下竹次

[*5]　小針誠『教育と子どもの社会史』梓出版社, p.75, 2007.

（1872〜1946年、子どもの自律的学習のための合科教育・合科学習）、澤柳政太郎（1865〜1927年、個性尊重を標榜（ひょうぼう）する成城小学校設立）など、多くの実践者が活躍した。不幸な戦争を経て、戦後日本が民主主義国として再生する際に、これらの実践が新しい教育の大きな礎（いしずえ）となったのである。

2. 戦時体制下における教育と戦後の教育

　1941（昭和16）年4月から、全国の小学校は「国民学校」と名前を変えて、国家主義の進展にふさわしい人材の育成を最優先とする教育機関へと変化した。それまで初等教育のあり方を規定していた第三次小学校令（1900（明治33）年）において、教師と子どもの関係は、「教える―学ぶ」関係であったが、国民学校令においては、教師と子どもの関係は、「鍛える―鍛えられる」関係へと変化した。授業内容も大幅に変わり、それまでの18科目は、国民科、理数科、芸能科、体練科、実業科の5つの学科目に再編・統合された。教科書には「ヘイタイサン、ススメ、ススメ」といった文章が繰り返され、愛国心を発揚（はつよう）するような内容が盛り込まれていた。1944（昭和19）年には、本土爆撃に備えて学童疎開（がくどうそかい）が始まり、都会の子どもたちは親元を離れ、食糧不足、さびしさ、毎日の鍛錬（たんれん）、いじめ等に耐えなければならなかった。大正デモクラシーから一転、わずか20年程度で日本は軍国主義一色の世のなかとなり、子どもの個性を大切にする教育は隅（すみ）に追いやられてしまった。

　戦後の日本は、朝鮮戦争（1950年）をきっかけとして景気が回復、高度経済成長を経て、物質的には豊かさを得た。ソ連の崩壊（1991年）によって冷戦構造がなくなり、自由主義社会の独り勝ちかと思いきや（フランシス・フクヤマ『歴史の終わり』1992年）、分裂とテロが世界に満ち、ブロック化する新帝国主義時代の到来を危惧する識者もいる。日本のGDP（国内総生産）に対する学校教育費は、先進国最低レベルである。少子化（2005年の合計特殊出生率が戦後最低の1.26を記録）、格差社会（ピケティ『21世紀の資本』2013年）、インターネットの発達と教育的に問題のある情報の氾濫（はんらん）、環境破壊など、日本の子どもたちをめぐる環境は、どう贔屓目（ひいきめ）にみてもよいとはいえない。

　ただし、これまで子どもの権利を守る活動が営々と続けられ、子どもの福祉が向上してきた点も指摘しておきたい。たとえば、児童の権利に関する条約（子どもの人権保護。国連で1990年発効、日本は1994年に批准（ひじゅん））、児童憲章、子どもオンブズマン（「代理人」の意味、オンブズパーソンともいう）などの制度的進展は、いくつかの問題を含んでいるとしても、優れた実績といえよう。

参考文献

- 坂田聡『家と村社会の成立』高志書院，pp.144〜162，pp.275〜282，2011.
- E・トッド，荻野文隆訳『世界の多様性 家族構造と近代性』藤原書店，2008.
- 鈴木理恵・三時眞貴子編著『教師教育講座② 教育の歴史・理念・思想』協同出版，2014.
- P・アリエス，杉山光信・杉山恵美子訳『〈子供〉の誕生——アンシアン・レジーム期の子供と家族生活』みすず書房，1980.
- 森洋子『ブリューゲルの「子供の遊戯」——遊びの図像学』未来社，1989.
- P・アリエス，中内敏夫・森田伸子編訳『「教育」の誕生』藤原書店，1992.
- 北本正章『子ども観の社会史——近代イギリスの共同体・家族・子ども』新曜社，1993.
- 宮澤康人『近代の教育思想 三訂版』放送大学教育振興会，2003.
- 乙訓稔『西洋近代幼児教育思想史——コメニウスからフレーベル 第二版』東信堂，2010.
- 姫岡とし子『世界史リブレット⑰ ヨーロッパの家族史』山川出版社，2008.
- 小針誠『教育と子どもの社会史』梓出版社，2007.
- 古沢常雄・米田俊彦編『教師教育テキストシリーズ③ 教育史』学文社，2009.
- 今井康雄編『教育思想史』有斐閣，2009.
- 神宮輝夫・高田賢一・北本正章『子どもの世紀——表現された子どもと家族像』ミネルヴァ書房，2013.
- H・カニンガム，北本正章訳『概説子ども観の社会史——ヨーロッパとアメリカにみる教育・福祉・国家』新曜社，2013.
- 天野知恵子『子どもたちのフランス近現代史』山川出版社，2013.

COLUMN　ベラスケスの名画「ラス・メニーナス（女官たち）」から

　ベラスケス（Velázquez, D., 1599-1660）の最高傑作とされる「ラス・メニーナス」（1656年作品）。最初に視線が行くのは、フェリーペ4世の娘マルガリータ王女ではなかろうか。大人と同じようなドレスを着た、愛らしい王女の姿。時は17世紀、愛の対象としての子どもという価値観の芽生えが感じとれる。ところが、見る者の視線は、すぐに女官たち、画家（ベラスケス自身）、鏡の中の人物像（国王夫妻）、犬など、あちこちをさまよい、めまいすら覚えてしまう。画面にたちこめる不吉な気配は王女自身の早すぎる死（21歳）とスペイン王室の没落という運命とあいまって、見る者の胸に迫ってくる。　（本多みどり）

写真9-2　「ラス・メニーナス（一部）」（ベラスケス画）

第10講

教育制度の基本

人が生きていくうえで、教え教えられるといった教育の営みはいたるところでみられる。文化や科学を継承し、またともに創造することや、社会で生きていくうえで必要な力を伝えたり、ともに社会で成長したりしていくこと、つまり教育は自然に行われてきた。近代以降、日常の自然な教育は、その対象が拡大され、体系化が図られ、制度としての学校が整備されていく。本講では、教育の制度化の様子と学校の特徴(とくちょう)など教育制度の基本的なことを学び、その意味を考える手がかりをつかんで欲しい。

Step 1

> ## 1. 教育の制度化の起こり

　学校の原型は古代エジプト、ギリシャ、ローマ等の時代にさかのぼる。その対象は僧や為政者(いせいしゃ)であり、身分や性差により限定されたものであった。そこでは、今日の制度化された教育にもつながる、文化の伝承や市民の育成といったことがめざされていた。教育の内容も順序や方法が工夫されており、体系的になされていた。

アカデメイア

　ソクラテス（Socrates）の弟子として知られるプラトン（Platon）が紀元前387年にアカデメイアに学園を設置し、その後に、この地名が学園名となった。のちにヨーロッパで、高度な学校や研究施設が「アカデミア」と呼ばれるのはこれを語源とする。アカデメイアでは、基礎学問を学んだのちに弁証法(べんしょうほう)を身につけ、哲学を学んだのちに適性のある者を対象に、国家の政治を司(つかさど)るリーダーの教育を行った。基礎的な学問としては、文芸、音楽、造形美術、体育、軍事の教育がなされた。さらに、算術、幾何学(きかがく)、天文学が教えられていた。そして、弁証法を学び哲学に親しむという、長期的な教育が計画されていた。

自由七学科（リベラル・アーツ）

　古代ギリシャ、ローマで学問の基本についての原理が形づくられ、中世には大学において、教養として学ぶべき内容が、七学科とされた。自由七学科とは、言語学と関係する①文法学、②修辞学(しゅうじがく)、③論理学の3学と、数学とかかわる④算術、⑤幾何、⑥天文学、⑦音楽の4科からなる。

教育の体系化──クインティリアヌス

　古代ローマの時代に修辞学の学校を開設したクインティリアヌス（Quintillianus）は、全12巻の修辞学の教科書『弁論家の教育』を著(あらわ)し、教育の体系化の必要性を主張し、実践した。修辞学は、理論・教育・実践の側面からなり、クインティリアヌス自身が教育者として教育しながら、いかに、より実践的で応用可能な教育を体系的に行うかを探求した。一般的な教養教育というよりも、より体系的にポイントをしぼり込んだ教育の方法の開発が試みられている。また、「家庭教育」と比較しながら、子どもに「学校教育」が必要であるとし、その教育は、子どもにとって楽しいものでなければならないと主張している。彼が主張した体系的な教育の必要性と、その実践は、近代教育の足場となったといえるであろう。

中世の教育の制度化

　中世には為政者と宗教の関係が強く結びつく形で、学校の制度化が進められた。例えば、キリスト教的生活や教理を伝授する教理学校、修道志望者を対象とした修道院学校、聖職者を養成するための大聖堂附属学校、身分の高い為政者のエリート教育学校である宮廷学校や騎士の教育施設があった。いずれも教会など宗教とのつながりが強く権威的でかつ厳格な教育がなされていた。教会や権力者の支援により中世の多くの大学は設立されていった。ヨーロッパ最初の大学といわれる現・ボローニャ大学の前身は1088年に設立され、のちにオックスフォード大学やパリ大学等が設立された。中世後期に多く設立される大学も、宗教とのかかわりが強かった。

ルネッサンスと人文主義教育

　およそ1000年にわたるキリスト教中心の教育では、古代ローマやギリシャは否定され、弾圧すらされてきたといわれている。また、キリスト者としての禁欲的生活が求められ、規律の厳しい教育がなされていた。

　ルネッサンスとは、イタリアを中心にヨーロッパで起こった古代ローマやギリシャの文化の復興をめざした文化運動である。神学中心の社会から人間性へと価値観が移行していったこの時期、教会の権威から解放され、自然の美しさや自由な生活の慶びなどを追求する文化が根づいていった。教育の分野でも人文主義教育が発展し、個人の人格を尊重し、その調和的な発達がめざされた。例えば、オランダの人文主義者であるエラスムス（Erasmus, D.）は、児童の興味関心に応じた教育、子どもの自発性に基づく教育を提唱した。中世の教会と学校でなされている体罰を否定し、その教育方法が注入主義的であると批判した。エラスムスの著書には、『痴愚神礼賛』（1511年）、『幼児教育論』（1529年）などがある。

2. 近代教育学の起こり

「近代教育学の父」コメニウス

　コメニウス（Comenius, J.A.）は、「近代教育学の父」とよばれるチェコの教育思想家である。すべての人を対象とした教育、発達に応じた自然にそった教育方法の主張、体罰の禁止、生涯教育の構想、平和教育の構想等、彼の主張は、現在の教育の基本的ないくつかの原則となっている。

身分や性差によって教育の対象が限られたものであった当時、すべての人に教育を与えなければならない（汎教育）とした彼の主張は画期的なものであった。また、一生涯にわたる学びを体系的に考え、生涯教育の基礎を考案した。コメニウスの生涯教育の構想は、子どもが誕生する前の母親教育からはじまる。6歳までの家庭教育のための母親学校から、母国語を大切にする12歳までの国語学校、18歳までのラテン学校、24歳までのアカデミア学校を構想し、年齢により区分された学校教育を提案した。さらには、その後の教育も構想されており、死と向き合う心の準備やその受容までもが含められていた、一生涯の教育を提案するものであった（第6講 Step 1 参照）。

近代教育の基本──義務、無償、中立性

　近代になると、市民育成の観点から公教育が国家の義務とされ、義務教育の無償化が進められていった。例えば、フランスでは、市民革命（1789年）をきっかけに、憲法によって無償の公教育制度が整備された。当時のフランスの教育思想家コンドルセ（Condorcet, N.）は「公教育は人民に対する社会の義務である」とし、フランスのみならず各国において教育の義務化や無償化が進められていった。

　公教育においては、個々人の思想や信仰を国民の権利として尊重しなければならないという考え方が浸透していった。アメリカでは「コモン・スクール」（公立学校）設置の運動が各地で起こり、教育の平等性、思想の自由などが提唱された。

3. 日本の近代教育の起こり

　日本では明治維新の後に学制が定められ、教育制度が整備された。それ以前にも教育は熱心になされており、僧侶や官僚の育成のための学校、私塾などが発展した。特に、江戸時代には各藩の人材育成である藩校が整備され、教育も体系的になされていた。そこでの教育は、他国と同様に身分や立場により制限されたものであった。

　しかし、日本では一方で庶民の教養を高める教育が広がっていた。江戸時代には3、4万あったといわれる「寺子屋」（「手習所」や「手習塾」とも呼ばれた）には、6歳ごろから15歳ごろまでの多くの子どもが通っていた（第8講 Step 1 参照）。

学制

　日本の学校教育は、「学制」（1872（明治5）年）によってはじめて、法的に位置づけられ制度化された。この特徴としては、すべての子どもが教育の対象として明

確に位置づけられたことがあげられる。子どもを小学校に就学させることは保護者の責任であって、必ずこれを果たさなければならないとされた。義務教育制度が形づけられたということができる。しかし、それは、公的資金の不足により十分に無償化が果たされたものではなかった。就学の義務を負うこととなった保護者のうちには、労働力をそがれる、家計への負担が大きいといった理由でこれに反対したものも少なくなく、「学制」への批判も大きかった。

　制度の整備においては、新たに「学区制」が設けられたことがあげられる。機能的であった反面、行政側が大きく学区を分けたため、村や町といった単位ではなく、地域の実情にあわないといった問題も生じた。

　学校種については、構想は多様であり、例えば小学校については、「尋常小学」「女児小学」「村落小学」「貧人小学（仁恵学校）」「小学私塾」「幼稚小学」等が規定されていた。このうち「幼稚小学」は幼児を対象とした学校であったが、構想にとどまり、実現には至らなかった。

教育令

　学制への批判は、経済的負担の大きさ、特に、地域の経済力の違い、家庭の負担の大きさなどに向けられた。自らの子どもを学校に通わせる保護者の義務の規定が浸透していかない実情もあった。また、学区制が地域の実情に合っていないといった批判もあった。これらから、1879（明治12）年に学制を廃止して「教育令」が公布された。教育令では、中央統轄による画一的な教育があらためられ、教育行政の一部が地方に委任された。地方の実情をふまえた教育の発展を図るため、学務委員が町村住民の選挙により選出されることとなった。これが、今日の教育委員会制度につながるものである。教育時間は最低年4か月間の開校でもよいといった具合に、最低基準が低い設定とされたことにより、弾力化した一方で、学校の統廃合や、就学率の低下が問題となった。よって、1880（明治13）年の「教育令」の改正では、例えば年32週と教育時間を拡大したり、行政からの関与を強めたりすることとなった。以降、地方の特性を活かしつつも、国レベルでの最低基準の設置や統一的教育の制度が整備されていった。

小学校の無償化

　1886（明治19）年に公布された「小学校令」（第一次小学校令）は、1890（明治23）年に改められた「小学校令」（第二次小学校令）を経て、さらに改正された1900（明治33）年の「小学校令」（第三次小学校令）によってはじめて義務就学の

規定が厳密になった。それまでは、学校教育を受けさせる義務が保護者に課せられ、授業料の徴収もなされていたが、1900（明治33）年の「小学校令」の改正によって、公立の尋常小学校では、原則授業料を徴収してはならないことが明示された。これにより義務教育の無償化が実現した。同時に、児童を雇用して就学を妨（さまた）げてはならないことも規定された。以降、就学率は上昇し、1900年代に9割以上となった。なお、現在、日本の小学校の就学率は100％である（なお、実際の通学率については不登校等の教育問題もあるので100％とはいえない）。

4. 日本の教育制度

　日本の教育は、法的には、日本国憲法、教育基本法、学校教育法等により定められている（詳細は**第11講参照**）。いわゆる初等教育（幼稚園と小学校における学校教育）、中等教育（中学校と高等学校での学校教育）、高等教育（短期大学、大学、大学院等での学校教育）を指す。これらは通称であり、法的用語ではない。

　一般的に教育は、家庭教育、学校教育、社会教育に分けて考えることができる。家庭教育では、主に、愛着や基本的信頼感の形成や、基本的生活習慣の育成がその機能とされている。学校教育では文化の伝承と社会性の育成、自らが文化を形成する力の基礎の育成といったことがその機能とされている。社会教育ではより多様に豊かに自己実現を図り、自らもまた社会に教育的に貢献（こうけん）することがその機能とされている。家庭、学校、社会それぞれが相互に関係しながら、また、互いにその教育機能を補いながら、人間の形成が図られている。

　教育をその内容や目的別に分類した場合には、一般的な教育を実施する普通教育に対して、例えば、教員養成のための教師教育等の将来のキャリアに役立つ専門的な職業に特化した職業教育、就職後の職場教育や就職後母校で実施されるリカレント教育といった分類もある。また、対象別に、幼児教育、児童教育、青少年教育、成人教育、女子教育、障害児教育、青少年教育といった分類もある。教育形態によって全日制教育、定時制教育、夜間教育、通信教育、放送教育といった分類もある。

　先にみたように、日本では、子どもに義務教育を受けさせる責務を保護者が負うことになった当初、それは無償ではなかった。のちに無償化が図られて、その就学率が大きく上昇した。現在の日本では就学率がほぼ100％であることから、無償であり、かつ義務であることが子どもの権利保障の観点から重要であることがうかがえる。

　日本におけるもっとも幼い年齢の子どもを対象とする学校としては、幼稚園と幼

保連携型認定こども園がある。幼稚園には3歳の誕生日から入園できる。幼稚園の教育の目的や内容を定めたものが「幼稚園教育要領」であり、幼保連携型認定こども園のそれが「幼保連携型認定こども園教育・保育要領」である。その教育部分については保育所の規定である「保育所保育指針」と整合性が図られている。

日本の義務教育は、9年間であり、小学校と中学校がある。以降、高等学校、大学、短期大学、専門学校等がある。日本の教育制度については、**図表10-1**を参照。

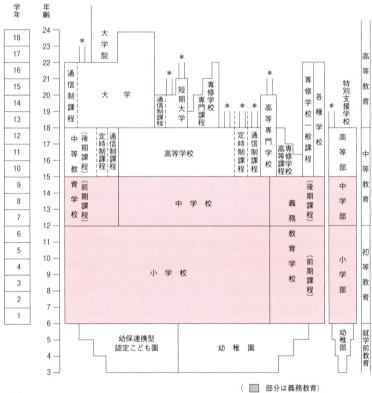

図表10-1 日本の教育制度

（注）
1. ＊印は専攻科を示す。
2. 高等学校、中等教育学校後期課程、大学、短期大学、特別支援学校高等部には修業年限1年以上の別科を置くことができる。
3. 幼保連携型認定こども園は、学校かつ児童福祉施設であり0～2歳児も入園することができる。
4. 専修学校の一般課程と各種学校については年齢や入学資格を一律に定めていない。

資料：文部科学省「諸外国の教育統計」平成30（2018）年版をもとに一部改変。

Step 2

1. 教育に関する権利

「教育の権利」といった場合、私たちはすべての国民が教育を受け学ぶことによってその発達を遂げ、豊かに生きることを保障するものであると理解しているであろう。これとかかわる国の教育権についても整理しておこう。

国には、国民の信託を受けて、教育のねらいや内容について検討し決定する権利がある。日本では、学校における教育のねらいや内容が国によって定められており、また、国は教育を行ううえで必要な各種整備を行うこととなっている。しかし、直接の教育については教育委員会が行う。教育委員会がおかれている理由は、そのときどきの政府や行政によって安易に左右されないよう、一方で法的規定等の影響を受けつつも、教育に関する管理執行が独立してなされるようにするためである。

2. 教育委員会

日本の教育委員会は、地方公共団体である都道府県、政令指定都市、市町村、特別区等に設置されている。詳しくは、「地方自治法」や「地方教育行政の組織及び運営に関する法律」に規定されている。「地方教育行政の組織及び運営に関する法律」では、教育委員会の設置等、地方公共団体における教育行政の組織や運営などが定められている。そして、「教育の機会均等」「教育水準の維持向上」「地域の実情に応じた教育の振興」を国と協力しながら進めていくことが基本的な理念として示されている。

教育委員会には、通常5人の教育委員がおり、そのなかから1名が教育委員会によって委員長に任命される。教育委員会には、その業務の遂行のために、事務局がおかれる。事務局には、教育長の推薦により、教育委員会が任命するとされている。指導主事や社会教育主事、その他の職員がおかれることとなっている。教育委員会によって、具体的に、学校の教育課程や学習指導など、学校教育にかかわることが管理指導されている。特に指導主事は、学校教育に関する専門的な知識と経験を有するもので、実際の教育課程や実践技術についての指導を行っている。

3. 義務教育

義務教育とは、すべての国民が子どもたちに普通教育を受けさせる義務を負っていることを指す。日本の義務教育は、周知のとおり、その年限を9年としている。

義務教育については、無償であり、授業料を徴収しないこととなっている。

なお、私立学校については、私学助成等で支援がなされているものの授業料の徴収が認められている。義務教育が無償ということは、授業料が無償であることを指すが、現在の日本では、「義務教育諸学校の教科用図書の無償措置に関する法律」によって義務教育である小学生と中学生の教科書についても、すべて無償で配布されている。教科書については、私立学校に通う子どもについても、同様に、現在の日本では無償で配布されている。一方、世界に目を向けると、必ずしも教科書は個人への配布ではなく、学校所蔵等により、貸出となっているところもある。

義務教育の対象となっている普通教育とは、一般的な意味では、すべての子どもを対象とした教育で、共通に必要とされている、一般的でかつ普遍的な基礎教育を指している。先にあげた職業訓練などの職業教育や専門教育はこれにあたらない。

国に加えて、保護者にその子どもに教育を受けさせることが義務づけられているが、これは、「民法」においても、第820条において、「親権を行う者は、子の利益のために子の監護及び教育をする権利を有し、義務を負う」と規定されている。日本も批准している国際法でもある「児童の権利に関する条約」では、第18条において、保護者に児童の養育および発達についての第一義的な責任があることが示されている。義務教育とは、9年間の教育を子どもたちに受けさせる国や保護者に義務があることを指している。子どもたちには、義務教育を受ける権利がある。

無償で義務教育をすべての子どもに保障することには、大切な意義がある。3歳くらいまでに、その育った環境によって、すでに経験の豊かさの違いが生じる。例えば、語彙の習得状況に、3歳の時点で語彙数が1対2というような格差がすでに生じてしまっているという実態がある。言葉の分野では、8歳以降になるとその格差を埋めることが難しいということもいわれている。実際、義務教育を4歳からはじめている国もあり、無償化や義務教育の開始年齢が各国で低くなりつつある。

幼児期は人生においてもっとも、好奇心が豊かで、チャレンジ精神が旺盛で、探求心に満ちている時期ともいわれている。その時期に、子どもが「おもしろそう」と思ったことに没頭して遊べること、「やってみたい」と思ったことを実際にやってみて充実感をもつこと、「不思議だなぁ」「なぜだろう」と思ったことについてその答えを得たり、ともに学んだりして謎を解決した経験をもつことが大切である。それは、世界を知ること、自分の可能性に自信をもつことにつながるからである。親の社会経済的状況や就労形態による差をなくし、すべての子どもがその自己実現を図ることができるように、確かな教育のスタートを保障することが世界各国で進められている。

第10講 教育制度の基本

Step3

1. 教育格差問題

　家庭の社会経済的状況が子どもの教育に与える影響は大きい。全国学力・学習状況調査の補完研究により、世帯年収により子どもの学力に違いがあることが明らかにされている。

　2014（平成26）年にお茶の水女子大学が公表した「平成25年度全国学力・学習状況調査（きめ細かい調査）の結果を活用した学力に影響を与える要因分析に関する調査研究」[1]によると、家庭教育環境や社会経済的背景が子どもの教育格差につながっていることが明らかにされている。例えば、学校外教育支出と学力との関係は強く、学校外教育支出が多い家庭ほど子どもの学力も高く、世帯収入が高くなるにつれ学校外教育支出も多くなる傾向があることがわかっている。

　また、保護者のかかわり方も、子どもの学力に関連しており、「自分でできることは自分でさせている」「子どものプライバシーを尊重している」「子どものよいところをほめるなどして自信を持たせるようにしている」に該当する家庭の子どもの方が学力が高く、子どもへの関心が高いこと、例えば、「子どもから学校での出来事について話を聞いている」「子どもと勉強や成績のことについて話をする」「子どもと将来や進路についての話をする」「子どもと友達のことについて話をする」「子どもと社会の出来事やニュースについて話をする」という保護者の子どもほど学力が高い。子どもと一緒に「美術館や劇場に行く」「博物館や科学館に行く」「図書館に行く」家庭ほど子どもが高学力である。

　基本的生活習慣との関係もあり、例えば、「子どもが決まった時刻に起きるよう（起こすよう）にしている」「子どもを決まった時刻に寝かせるようにしている」「毎日子どもに朝食を食べさせている」家庭の子どもの方が高い学力を示していることが明らかになっている。

　全国児童相談所長会の調査によれば、児童虐待の背景には、厳しい家庭経済状況があると示唆されている[2]。家庭の社会経済的状況が育ちの環境に大きな影響を与えていることが示唆されている。厳しい状況を打破する家庭支援が望まれる一方で、家庭の社会経済的状況によらず、子どもが安心して育ち学ぶことができる環境を公的に保障することも必要となってくるであろう。

---

[1] 国立大学法人お茶の水女子大学「平成25年度全国学力・学習状況調査（きめ細かい調査）の結果を活用した学力に影響を与える要因分析に関する調査研究」2014. https://www.nier.go.jp/13chousakekkahoukoku/kannren_chousa/pdf/hogosha_factorial_experiment.pdf
[2] 全国児童相談所長会「全国児童相談所における家庭支援への取り組み状況調査」2009.

2. 専門保育施設による保育保障と格差是正

　社会保障制度が充実しており、子どもの人権保障の制度が整備されている北欧では、85％の2歳児が公的保育施設に就園しているというデータがある。保護者の子育ての第一義的責任を確認しつつも、保護者が孤立することなく、公的保育施設と連携しながら子どもを育てることのできる制度も必要である。

　低年齢の子どもの保育の長時間化には慎重になるべきであろうが、幼いころから保育施設との設定をもち、同世代の子どもたちとの相互作用を保障する地域の保育施設との連携や施設保育の長期間化は格差是正の観点から検討していくべき課題でもある。

　日本の義務教育の就学率はほぼ100％である。義務教育以前の年齢の子どもの保育所や幼稚園、認定こども園への就園率も高く、ほぼ100％に近い。

3. カリキュラムと保育者（教育者）格差の是正

　日本の5歳児の就園率は高いが、その実践に目を向けると、保育所や幼稚園、こども園等の保育の形態や保育者の経験年数や力量については格差も大きい。

　家庭の社会経済的状況による教育保育格差を是正するためには、保育実践の基準、つまりカリキュラムの最低基準と、保育者に期待される資質と専門性についての最低基準の確保が大切である。家庭の社会経済的状況の差や、都心か地方かといった地域による格差を是正し、すべての子どもたちの保育の質の維持と向上を図る必要性がある。

　教育制度とは、子どもの育ちを保障する枠組みである。今日、少子化の進行や、社会における経済格差の拡大、家庭における教育機能の低下といった問題が起こっている。子どもは、保護者も家庭環境も産まれてくる地域も自ら選ぶことができない。だからこそ、自分ではどうすることもできないこれらの問題が、子どもに保障すべき教育に影響を極力与えてしまわないようにする必要がある。保護者の就労形態、経済状況、地域差をこえて、最低限子どもの最善の利益を確保するための教育制度の設計が、公的責任として、今後ますます求められる。

参考文献

- 阿部彩『子どもの貧困——日本の不公平を考える』岩波書店，2008.
- 浜野隆「家庭背景と子どもの学力等の関係（案）」文部科学省全国学力・学習状況調査補完研究，2009.
- OECD "*Growing Unequal? Income Distribution and Poverty in OECD Countries*"，OECD，2008.
- 東京大学大学院教育学研究科大学経営・政策研究センター「高校生の進路と親の年収の関連について」2009. http://ump.p.u-tokyo.ac.jp/crump/resource/crump090731.pdf
- 全国児童相談所長会「全国児童相談所における家庭支援への取り組み状況調査」2009.

第11講

教育の法律と行政

家庭、学校、社会のいたるところで学びがあり、教えがある。教育は権利であり、義務でもある。また、教育により人は豊かになり、自由を得ると同時に、偏(かたよ)ったものの見方や考えを植えつけられてしまう可能性もある。本講ではまず、日本の現在の教育について現行法の規定内容をしっかり理解し、教育において何が大切にされ、めざされ、どうなされようとしているのかをしっかり理解してほしい。

Step 1

1. 教育を規定する法律

　日本の教育を規定する法律は、その根底に日本国憲法がある。それを基盤として特に「教育」の目的や目標、理念、法規定のあり方について定めたものが教育基本法である。また日本国憲法と教育基本法に則りそれをふまえて、日本の教育の目的を達成し具現化するために学校の定義やその機能等を定めた学校教育法がある。さらにこれらの法律、特に学校教育法に基づいて定められている政令として学校教育法施行令がある。そして、さらに学校教育法施行令の下位法令として定められた文部科学省所管の省令として学校教育法施行規則がある。

　学校教育法に基づく規定としては、学校教育法施行規則に定めるもののほかに、文部科学大臣が別途告示する幼稚園教育要領、小学校学習指導要領等がある。「法律」「政令」「省令」「告示」の違いについて整理し理解することによって、教育がどのように規定され、形づくられているのかその全体像を把握することが可能となる。

　以下、まず、日本国憲法における教育とかかわるところと、教育基本法と学校教育法の法律の概要を紹介する。次に、政令である学校教育法施行令と省令である学校教育法施行規則について概観する。さらには告示である各要領について紹介する。

2. 日本国憲法

　日本国憲法は、国の基礎根幹をなす法である。その構成は、上論と前文があり、11章103条からなっている。その内容は、大きく「人権規定」「統治規定」「憲法保障」にわけられる。「人権規定」とは、人々の権利や自由を保障するために大切なことの基本を定めたものである。「統治規定」とは、国や人々がどういった権限や責任を負うかを示したものである。「憲法保障」とは、憲法が最高法規であること、それゆえにそれを尊重することを示したものである。

　教育の自由や権利と関連して、以下の条文がある。

> **日本国憲法**
> **第19条**　思想及び良心の自由は、これを侵してはならない。
> **第23条**　学問の自由は、これを保障する。
> **第26条**　すべて国民は、法律の定めるところにより、その能力に応じて、ひとしく教育を受ける権利を有する。

2　すべて国民は、法律の定めるところにより、その保護する子女に普通教育を受けさせる義務を負ふ。義務教育は、これを無償とする。

第89条　公金その他の公の財産は、宗教上の組織若しくは団体の使用、便益若しくは維持のため、又は公の支配に属しない慈善、教育若しくは博愛の事業に対し、これを支出し、又はその利用に供してはならない。

3. 教育基本法

教育基本法は、日本国憲法が謳う理念について、特に「教育」の部分に特化して、その目的および理念を示し、行政の役割や法整備のあり方について規定している（その章立て等内容については次を参照）。

○教育基本法の概要

第1章　教育の目的及び理念
　　「教育の目的」、「教育の目標」、「生涯学習の理念」、「教育の機会均等」
第2章　教育の実施に関する基本
　　「義務教育」、「学校教育」、「大学」、「私立学校」、「教員」、「家庭教育」、「幼児期の教育」、「社会教育」、「学校、家庭及び地域住民等の相互の連携協力」、「政治教育」、「宗教教育」
第3章　教育行政
　　「教育行政」、「教育振興基本計画」
第4章　法令の制定

その前文では、「我々日本国民は、たゆまぬ努力によって築いてきた民主的で文化的な国家を更に発展させるとともに、世界の平和と人類の福祉の向上に貢献することを願うものである」と記されている。つまり、「民主的で文化的な国家」を発展させ、「世界の平和と人類の福祉の向上」に貢献することが国民の理想として掲げられている。そしてその具現化のため、教育の目的や目標については、「人格の形成」「公共の精神」「伝統と文化の尊厳」などが規定されている。

教育に関する基本的な理念としては、国民が一生にわたり学びつづけ自己実現を図ることができるような「生涯学習社会」の実現をめざすことや、「教育の機会均等」が示されている。教育の目標については、具体的には次に示すとおりである。

（教育の目標）
第2条　教育は、その目的を実現するため、学問の自由を尊重しつつ、次に掲げる目標を達成するよう行われるものとする。
　一　幅広い知識と教養を身に付け、真理を求める態度を養い、豊かな情操と道徳心を培う

> とともに、健やかな身体を養うこと。
> 二　個人の価値を尊重して、その能力を伸ばし、創造性を培い、自主及び自律の精神を養うとともに、職業及び生活との関連を重視し、勤労を重んずる態度を養うこと。
> 三　正義と責任、男女の平等、自他の敬愛と協力を重んずるとともに、公共の精神に基づき、主体的に社会の形成に参画し、その発展に寄与する態度を養うこと。
> 四　生命を尊び、自然を大切にし、環境の保全に寄与する態度を養うこと。
> 五　伝統と文化を尊重し、それらをはぐくんできた我が国と郷土を愛するとともに、他国を尊重し、国際社会の平和と発展に寄与する態度を養うこと。

「教育の機会均等」については、原則として、「人種、信条、性別、社会的身分、経済的地位又は門地によって、教育上差別されない」ことが示されている。障害のある者に対する支援、経済的理由による修学困難な者に対する奨学の措置も規定されている。

「義務教育」については、保護する子どもに普通教育を受けさせる義務が保護者にあると規定されている。国および地方公共団体は、義務教育の機会の保障、実施に責任を負う。

「義務教育」の無償性も教育基本法において、「国又は地方公共団体の設置する学校における義務教育については、授業料を徴収しない」ことが定められている。なお、授業料の無償性は国または地方公共団体の設置する学校に限定されているが、文部科学大臣の検定を経た教科用図書または文部科学省が著作の名義を有する教科用図書等は、国立、公立、私立学校を問わず、すべての義務教育において無償となっている。

「教員」については、その使命や職責、待遇の適正等、教員の養成と研修の充実等が規定されている。教員は絶えず研究と修養に励むこと、制度として、その身分が尊重されること、待遇の適正が期せられること、養成と研修の充実が図られなければならないことが規定されている。

「幼児期の教育」については、「生涯にわたる人格形成の基礎を培う重要なものであること」が規定されている。これをふまえて、国および地方公共団体は、良好な環境の整備等、その振興に努めなければならないことが規定されている。

その他、大学、私立学校、家庭および地域との連携についても規定されている。

教育行政については、国と地方公共団体との適切な役割分担と相互協力のもとで公正かつ適切に行われると規定されている。特に教育振興基本計画を策定することとなっており、地域の実情に応じた教育の振興が国と地方それぞれの責任において、住民とともに具現化されることが謳われている。

4. 学校教育法

　学校教育法は、学校制度の基本的な体系等を定めた法律である。戦後この法律に基づいて、各種学校ごとにあった『学校令』が廃止され、一本にまとめられた。学校教育法によって、学校制度は単線型の6-3-3-4制を基本とする体系となった。
　学校教育法の構成は次のとおりである。

〇学校教育法の構成

```
第１章　総則（第１条〜第15条）
第２章　義務教育（第16条〜第21条）
第３章　幼稚園（第22条〜第28条）
第４章　小学校（第29条〜第44条）
第５章　中学校（第45条〜第49条）
第５章の２　義務教育学校（第49条の２〜第49条の８）
第６章　高等学校（第50条〜第62条）
第７章　中等教育学校（第63条〜第71条）
第８章　特別支援教育（第72条〜第82条）
第９章　大学（第83条〜第114条）
第10章　高等専門学校（第115条〜第123条）
第11章　専修学校（第124条〜第133条）
第12章　雑則（第134条〜第142条）
第13章　罰則（第143条〜第146条）
附則
```

　学校教育法第１条では学校を「幼稚園」「小学校」「中学校」「義務教育学校」「高等学校」「中等教育学校」「特別支援学校」「大学」「高等専門学校」と定義している。よってこれらを通称「一条校」ともいう。

　「第１章　総則」では、学校の定義に加えて、学校の設置や廃止、校長や教員をおくこととその要件、体罰（たいばつ）を加えることはできないが懲戒（ちょうかい）を加えることができること、健康診断を行い必要な措置を講じなければならないこと、などが定められている。

　第２章では「義務教育」について定められている。普通教育が９年であることは第16条で定められている。義務教育で行われる「普通教育」とは、次の目標を達成するように行われるものとされている。

> 第21条　義務教育として行われる普通教育は、教育基本法（平成18年法律第120号）第5条第2項に規定する目的を実現するため、次に掲げる目標を達成するよう行われるものとする。
> 一　学校内外における社会的活動を促進し、自主、自律及び協同の精神、規範意識、公正な判断力並びに公共の精神に基づき主体的に社会の形成に参画し、その発展に寄与する態度を養うこと。
> 二　学校内外における自然体験活動を促進し、生命及び自然を尊重する精神並びに環境の保全に寄与する態度を養うこと。
> 三　我が国と郷土の現状と歴史について、正しい理解に導き、伝統と文化を尊重し、それらをはぐくんできた我が国と郷土を愛する態度を養うとともに、進んで外国の文化の理解を通じて、他国を尊重し、国際社会の平和と発展に寄与する態度を養うこと。
> 四　家族と家庭の役割、生活に必要な衣、食、住、情報、産業その他の事項について基礎的な理解と技能を養うこと。
> 五　読書に親しませ、生活に必要な国語を正しく理解し、使用する基礎的な能力を養うこと。
> 六　生活に必要な数量的な関係を正しく理解し、処理する基礎的な能力を養うこと。
> 七　生活にかかわる自然現象について、観察及び実験を通じて、科学的に理解し、処理する基礎的な能力を養うこと。
> 八　健康、安全で幸福な生活のために必要な習慣を養うとともに、運動を通じて体力を養い、心身の調和的発達を図ること。
> 九　生活を明るく豊かにする音楽、美術、文芸その他の芸術について基礎的な理解と技能を養うこと。
> 十　職業についての基礎的な知識と技能、勤労を重んずる態度及び個性に応じて将来の進路を選択する能力を養うこと。

　第3章以降では、一条校それぞれについて章を設けてその目的、達成すべき目標、配慮事項、職員配置、職員の業務内容等が規定されている。教育課程や教育内容については、文部科学大臣が定めることとされている。これに基づき一条校それぞれに「教育要領」「学習指導要領」が定められている。

5. 学校教育法施行令

　学校教育法施行令は、学校教育法に基づいて定められている政令である。ここでは、義務教育に関する就学義務規定や、市町村等の教育委員会が地域に住む学齢児童と生徒についての学齢簿を編纂しなければならないこと、認可、届出、指定に関すること等が定められている。その構成は、次のとおりである。

○学校教育法施行令の構成

第1章　就学義務
　第1節　学齢簿（第1条～第4条）
　第2節　小学校、中学校、義務教育学校及び中等教育学校（第5条～第10条）
　第3節　特別支援学校（第11条～第18条）
　第3節の2　保護者及び視覚障害者等の就学に関する専門的知識を有する者の意見聴取
　　　（第18条の2）
　第4節　督促等（第19条～第21条）
　第5節　就学義務の終了（第22条）
　第6節　行政手続法の適用除外（第22条の2）
第2章　視覚障害者等の障害の程度（第22条の3）
第3章　認可、届出等
　第1節　認可及び届出等（第23条～第28条）
　第2節　学期、休業日及び学校廃止後の書類の保存（第29条～第31条）
第4章　技能教育施設の指定（第32条～第39条）
第5章　認証評価（第40条）
第6章　審議会等（第41条～第43条）
附則

6. 学校教育法施行規則

　学校教育法施行規則は、文部科学省が所管する省令である。学校教育法、学校教育法施行令の下位法にあたる。より具体的な内容が規定されている。「第1章　総則」では、設置廃止等、校長・副校長・教頭の資格、管理について定められている。第2章では「義務教育」について定められている。以下、各章を設けて、「幼稚園」「小学校」「中学校」「義務教育学校並びに中学校併設型小学校及び小学校併設型中学校」「高等学校」「中等教育学校並びに併設型中学校及び併設型高等学校」「特別支援教育」「大学」「高等専門学校」「専修学校」の各学校について、設備編成、教育課程、学年や授業日、職員、学校評価等といったことが示されている。

Step 2

1. 安心・安全を保障する学校経営

　公教育機関である学校では、学びの場が子どもにとって居心地のよい場所であること、安全・安心できる場であること、学びが保障される場であることが大切である。そのために、学校は方針をしっかりもち、教育資源を得て、活用し、組織的にかつ計画的に教育を実施できるようにしなければならない。学校が組織としてこれを行うことが学校経営である。学校経営にあたっては、「ヒト」「モノ」「カネ」「情報」などの教育資源を、組織として計画的かつ適切に活用し、教育、人事、予算、施設設備等とかかわる管理や運営を行う。組織、外部関係に関するものもある。学校の管理と運営に関する計画には、長中期の教育ビジョン、各年度の教育、人事、会計等などの経営計画といった計画が含まれる。校長のリーダーシップや、主任そして教員の連携により学校の管理と運営がなされる。そしてその評価、さらなる改善といういわゆるPDCAサイクル（計画（Plan）→実施（Do）→評価（Check）→改善（Action））により学校の経営改善が図られている。

　校長の責務は重大であり、教育の実施運営、教職員の管理、児童生徒にかかわることをはじめ、学校の組織運営、外部とのかかわりなどその職務範囲も広い。

2. 学校評価について

　学校教育法では、学校評価の実施等が定められている。これにともない、学校教育法施行規則において、自己評価・学校関係者評価の実施・公表、評価結果の設置者への報告に関する規定が設けられている。それに基づき、文部科学省により、2006（平成18）年3月に、主に市区町村立の義務教育諸学校（小学校、中学校（中等教育学校前期課程を含む）、盲・聾・養護学校の小・中学部）を対象に「義務教育諸学校における学校評価ガイドライン」が作成された。2008（平成20）年にはこれを改訂し、「学校評価ガイドライン」が作成された。さらには2010（平成22）年の「学校の第三者評価のガイドラインに盛り込むべき事項等について（報告）」をもとに、「学校評価ガイドライン」の改訂がなされた。加えて、学校教育法の一部を改正する法律及び学校教育法施行規則の一部を改正する省令により、義務教育学校ならびに小中一貫型小学校および小中一貫型中学校が発足することをふまえて、2016（平成28）年3月に、「学校評価ガイドライン」が改訂され、小中一貫教育を実施する学校における学校評価の留意点が加えられた。

　「学校評価ガイドライン」では、学校評価の目的として、①教育活動その他の学

校運営について目標を設定し、その達成状況や取り組みを評価することにより改善を図ること、②自己評価および保護者など学校関係者等による評価の実施とその結果の公表・説明により、説明責任を果たし、保護者等の理解と参画を得て、学校・家庭・地域の連携協力による学校づくりを進めること、③各学校の設置者等が、学校評価の結果に応じて、学校に対する支援や条件整備等の改善措置を講じることにより、一定水準の教育の質を保証し、その向上を図ることの3つがあげられている。

学校評価は評価自体が目的ではなく、その学校運営の改善による教育水準の向上をめざすものであり、地域・家庭・学校の連携による教育の発展がめざされている。

幼稚園については、「幼稚園における学校評価ガイドライン」が2008（平成20）年3月に策定された。これは、2010（平成22）年7月に改訂された。そしてさらに2011（平成23）年には、第三者評価にかかわる内容として、その進め方や評価項目、観点などが加えられ、その他の内容についても、充実が図られた。

図表11-1 学校の教育目標等と重点的に取り組むことが必要な目標や計画、評価項目等の設定の関係例

```
          建学の精神や学校の教育目標
                    ↓
            ≪学校の運営方針≫
    ┌─────────────┐   ※ 安全や教職員の研修、予算執行、教育課程等学
    │ 教育課程編成の重点等 │     校の全ての内容に係る運営の計画であり、数年
    └─────────────┘     ごとに見直されるのが一般的
                    ↓
    園長のリーダーシップの下
    重点的に取り組むことが必要な目標や計画を定め学校評価の具体的
    な目標や計画を設定する
    ※ 定めた内容は、特に教育課程に関するものと、その他の学校運営に関するものとなることが一般的
                    ↓
    「学校評価の具体的な目標や計画」に関する取組や成果を適切に評価するための評価項目
    を設定
    「評価項目」の達成状況等を把握するために必要な指標を設定        フィードバック
    「指標」の達成状況等を把握・評価するための基準を設定
                    ↓
              評価の結果
```

- 重点的に取り組むことが必要な目標や計画は、教育課程に関するものと、その他の学校運営に関するものが考えられる。実際には教育課程に関するものに偏りがちなので、留意する必要がある。
- 評価の結果は、「教育課程編成の重点」をはじめ「運営方針」の見直しのきっかけとなることが考えられる。それらをもとに翌年度の重点的な目標等を設定する必要がある。
- 「指標」や「基準」は必要に応じて設定するものであり、園長と教職員の内容を、実情に応じて別々に設定することも考えられる。

出典：文部科学省「幼稚園における学校評価ガイドライン」（平成23年改訂）p.27, 2011.

Step3

1. 学校選択制

　学校教育法において、どの学校に就学するかは、市町村教育委員会が指定することとなっている。また就学先を指定するにあたり、市町村教育委員会があらかじめ設定した区域を「通学区域」といい、これは、地域の実態をふまえ、各市町村教育委員会の判断に基づいて設定されている。なお、就学先を指定するにあたり、市町村教育委員会は保護者の意見を聴取し、それをふまえて指定する場合がある。これを学校選択制という。学校選択制は、主に**図表11-2**の形態に分類できる。

　学校選択制によって、地域の保護者の意向に対する配慮が可能であり、選択機会も拡大し、いじめ問題等への対応、部活動等の学校独自の活動の発展等が可能となっている。一方で、学校の序列化や学校間格差等が懸念されている。

2. 学校運営協議会制度とコミュニティ・スクール

　「地域とともにある学校づくり」をめざす学校が、コミュニティ・スクールとして指定されている。コミュニティ・スクールのイメージは**図表11-3**を参照されたい。コミュニティ・スクールには、学校運営協議会が設置され、地域との連携のもと学校運営の改善や向上が企画、実施される。

　学校運営協議会とは、2004（平成16）年に改正された「地方教育行政の組織及び

図表11-2 学校選択制の形態

(A)	自由選択制	当該市町村内のすべての学校のうち、希望する学校に就学を認めるもの
(B)	ブロック選択制	当該市町村内をブロックに分け、そのブロック内の希望する学校に就学を認めるもの
(C)	隣接区域選択制	従来の通学区域は残したままで、隣接する区域内の希望する学校に就学を認めるもの
(D)	特認校制	従来の通学区域は残したままで、特定の学校について、通学区域に関係なく、当該市町村内のどこからでも就学を認めるもの
(E)	特定地域選択制	従来の通学区域は残したままで、特定の地域に居住する者について、学校選択を認めるもの
(F)	その他	(A)～(E)以外のもの

出典：文部科学省「小・中学校における学校選択制等の実施状況について（平成24年10月1日現在）」http://www.mext.go.jp/a_menu/shotou/gakko-sentaku/index.htm

運営に関する法律」に基づいて設置される組織であり、その委員は、保護者や地域から教育委員会が任命する。学校が作成する基本方針等は、委員の承認を得なければならず、委員は学校運営に対し意見することができる。委員はまた、教職員の採用などについては任命権をもつ教育委員会へ意見することができる。

　2017（平成29）年の、地方教育行政の組織及び運営に関する法律の一部改正により、教育委員会に対する学校運営協議会の設置が、努力義務化された。ただし、相互に密接な連携を図る必要がある場合として文部科学省令で定める場合は、2以上の学校について1の学校運営協議会をおくこともできる。また、学校運営への支援等が、協議事項に位置付けられ、さらには、委員に地域学校協働活動推進員を加えるなどの規定の見直しがなされた。

　2018（平成30）年4月1日現在で、コミュニティ・スクール指定校数は5432校（46都道府県内の532市区町村18道府県で導入）であり、その内訳は幼稚園147園、小学校3265校、中学校1492校、義務教育学校39校、中等教育学校1校、高等学校382校、特別支援学校106校となっている。

　コミュニティ・スクールにおいては、地域との連携が深まることにより、学校評価の効果、生徒指導や学力等の問題解決にも有効であるとされている。一方で、人材不足や偏りも懸念されている。

図表11-3 コミュニティ・スクールのイメージ

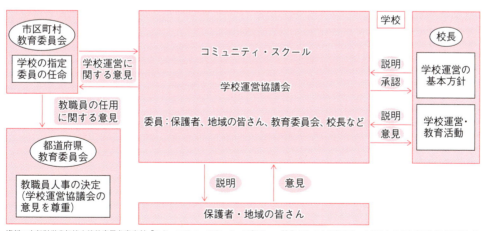

資料：文部科学省初等中等教育局参事官付「コミュニティ・スクールって何?!——魅力からつくり方まで、お教えします」（平成27年7月）をもとに作成。

参考文献
- 文部科学省「幼稚園における学校評価ガイドライン（平成23年改訂）」2011．
- 解説教育六法編修委員会編『解説 教育六法 2015 平成27年版』三省堂，2015．

第12講

諸外国の教育制度

　グローバル化社会といわれる現在、諸外国の情報は集めやすくなってきた。制度は、人が創ったものである。例えば、教育制度を考えた場合、就学開始年や、義務教育の年数、多層的なのか、単線的なのかは国によってさまざまである。

　諸外国の教育制度を学ぶことは、自らの教育制度を見直したり、考えたりするよい機会となる。当たり前であることが、他の視点からみたらそうではないことがある。諸外国の教育制度を学び、自明性を問う姿勢を身につけ、視野を広げて欲しい。

Step 1

　諸外国の教育制度について、文部科学省では、2013（平成25）年版までは「教育指標の国際比較」、2014（平成26）年版からは「諸外国の教育統計」をまとめ公表している。またOECD（経済協力開発機構）の教育委員会においても、毎年「図表でみる教育　OECDインディケータ」を著し、加盟国の教育状況について、学歴分布、教育支出、教育機会、生徒数・標準授業時間数、卒業後の進路等の状況、PISA（学習到達度調査）の結果等の統計結果が表され、比較分析されている。以下、各国の教育制度について簡単に紹介する。

1. アメリカ

　アメリカの教育制度は州によって異なる。保育関連施設は多様であるが、通常3〜5歳児の幼児が集団保育を受けている。規定では、義務教育開始年齢を7歳とするところが最も多いが、実際は6歳からの就学が認められている。義務教育の年限は9〜12年とこれも州により異なるが、10年としている州が最も多い。小学校、中学校、高等学校については、5—3—4年制が一般的ではあるが、これも州によって大幅に異なり、初等・中等が同一学校として重なっているところもある。高等教育は、教養学部と専門職学部や専門職大学院からなる総合大学、リベラルアーツカレッジ等総合大学ではない4年制大学、ジュニアカレッジやコミュニティカレッジ等の2年制大学等がある。

2. イギリス

　イギリスの就学前教育は、保育学校や初等学校付設の保育学級がある。義務教育は5〜16歳の11年間である。初等学校は、通常6年制であり、5〜7歳を対象とする前期2年（インファント）と7〜11歳のための後期4年（ジュニア）とに区分されており、一般的には併設されているが別に設置されているものもある。中等教育は、11歳から7年間であり、最初の5年が義務教育として位置づけられている。

　2014年以降は義務教育就学後について、短期であっても教育・訓練が義務づけられた。義務教育後の中等教育については、中等学校に設置されているシックスフォームと、独立の学校であるシックスフォーム・カレッジがある。高等教育には大学および高等教育カレッジがあり、一般的には3年制の学士課程だが、短期の専門資格取得課程もある。ほかに職業教育課程である継続教育カレッジがある。これは、義務教育ののちに就業する青少年や成人がパートタイム制で学ぶことのできる

Step1　Step2　Step3

図表12-1　アメリカの教育制度

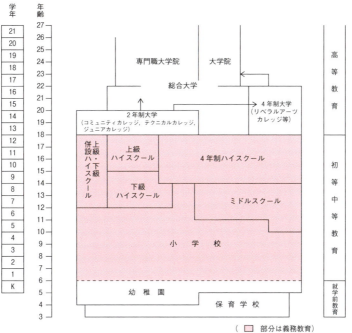

資料：文部科学省「諸外国の教育統計」平成30（2018）年版

図表12-2　イギリスの教育制度

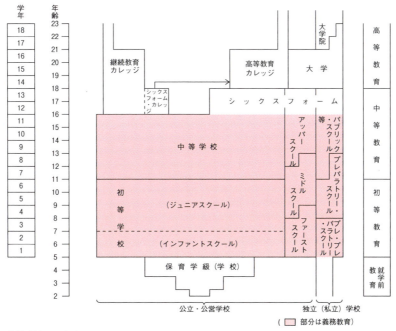

資料：図表12-1と同じ。

第12講　諸外国の教育制度

職業教育である。

3. ドイツ

　ドイツの就学前教育には、満3歳から就園する幼稚園、2歳以下の子どもが通う保育所がある。義務教育は9年（一部の州では10年）である。小学校は基礎学校といわれ、通常4年間（一部の州では6年間）である。基礎学校卒業後の進学は、子どもの適性に応じて分化しており、総合学校は少ない。分化した中等学校としては、卒業後に就職して職業訓練を受ける者が主として進む5年制のハウプトシューレ、卒業後に職業教育学校に進む者や中級の職に就く者が主として進む6年制の実科学校、大学進学希望者が主として進む8年制または9年制のギムナジウムがある。ハウプトシューレと実科学校を合わせた学校種もある。義務教育修了後就職し、見習いとして職業訓練を受ける者には、職業学校就学義務がある。つまり、通常3年間にわたり週に1～2日職業学校に通うことが義務づけされている。夜間ギムナジウムや、職業従事者等に大学入学資格を与えるための機関もある。高等教育には大学（総合大学、教育大学、神学大学、芸術大学など）と専門大学がある。

4. フランス

　フランスの就学前教育には、2～5歳を対象とした幼稚園や小学校付設の幼児学級・幼児部がある。義務教育は3～16歳の14年間である。小学校は5年間である。その後、中学校にあたるコレージュ（4年制）に進む。高校入試はなく、子どもの適性等に応じてリセ（3年制）や、職業リセ等（2-3年制）に進学する。高等教育には、3年制の国立大学（2年制の技術短期大学部等を付置）、私立大学（学位授与権がない）、各種のグランゼコール、リセ付設のグランゼコール準備級および中級技術者養成課程等がある。これらの高等教育機関に入学する要件として、中等教育修了と高等教育入学資格を併せて認定するバカロレアを取得しなければならない。教員養成については、高等教員養成学院で学ばねばならない。

5. フィンランド

　フィンランドでは、6歳までが就学前教育で、7歳になる1年前の就学前学級については無償で提供されており、ほぼすべての子どもが就学前学級を経験する。義

図表12-3 ドイツの教育制度

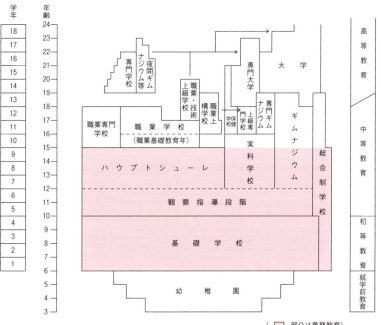

資料：図表12-1と同じ。

図表12-4 フランスの教育制度

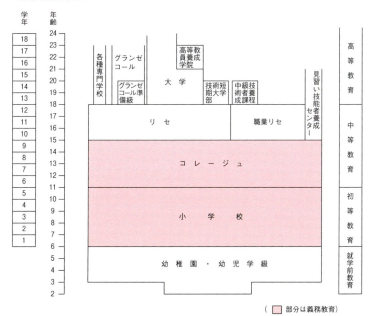

資料：図表12-1と同じ。

務教育は、小学校と中学校のように分かれておらず、9年の基礎教育が総合学校で提供されている。その後90％以上が普通学校と職業学校に分かれて進学する。この後期中等教育では、規定により、普通教科と職業訓練の勉強を組み合わせることもできる。高等学校にあたる普通学校の修了時に最初の全国統一テストがある高校は高校卒業資格試験となる全国統一テストに合格することによって修了となる。高等教育には、大学とポリテクニック（職業大学）がある。

6. 中国

就学前教育は3～6歳の幼児を対象に幼稚園または小学校付設の幼児学級で提供されている。義務教育法に基づき、その後5～6年間の小学校、3～4年の初級中学により9年間の義務教育が提供されている。初級中学卒業後は、普通教育を行う高級中学（3年）と職業教育を行う中等専門学校（中等専業学校：4年）、技術労働者学校（技工学校：3年）、職業中学（2～3年）などがある。高等教育は4～5年の大学（本科）と2～3年の短期の大学（専科）があり、後者のみが専科学校である。専科レベルの職業教育は職業技術学院（従来の短期職業大学を含む）において提供されている。

7. 韓国

就学前教育は3～5歳児を対象とした幼稚園や0歳からの託児所、保育園などで提供されている。義務教育は、初等学校の6年間と中学校の3年間で合計9年間提供されている。中学校卒業後の教育機関には、3年制の普通高等学校と職業高等学校がある。普通高等学校には、芸術高等学校、体育高等学校、科学高等学校、外国語高等学校、国際高等学校も含まれる。職業高等学校には、農業高等学校、工業高等学校、商業高等学校、水産・海洋高等学校などがある。高等教育には、主に4年制（医学部等は6年制）大学と2年制あるいは3年制の専門大学がある。

Step1 Step2 Step3

図表12-5 中国の教育制度

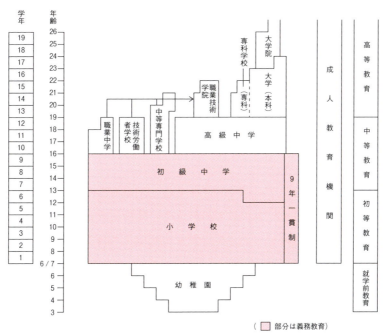

（　　部分は義務教育）

資料：図表12-1と同じ。

図表12-6 韓国の教育制度

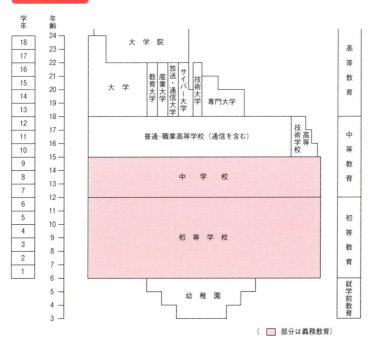

（　　部分は義務教育）

資料：図表12-1と同じ。

第12講　諸外国の教育制度

Step 2

1. 諸外国の教育問題──教育格差問題

　教育格差の問題は、先進国と途上国との格差の問題ではなく、各国がかかえる問題となっている。日本においても、全国学力テストのスコアから、家庭の経済状況により教育格差がもたらされていることが課題としてあげられている。2000年にノーベル経済学賞を受賞したヘックマン（Hechman, J.）は、就学後の教育の差は就学前教育にあるとし、出産直後の教育環境にも影響があることを指摘している。教育によってこそ、家庭の経済や教育環境の格差を是正することが可能とされている。

　義務教育の開始年齢は世界各国で、4〜7歳と差があるが、その開始年齢の早期化や、義務教育ではないが、無償教育の推進や、接続期教育の保障が進められている。例えば韓国では2013年に3歳以降の教育が無償化されている。子どもの人権に敏感で、世界で初めて「子どもオンブズマン（オンブズパーソン）」制度を導入したノルウェーでは、1歳児の9割が保育施設に通っており、福祉や教育政策が進んでいるとされる北欧各国やフランスでは、2歳児の8割以上が専門職による就学前に保育施設に通っている。

　幼児期の発達に適した、小学校教育の前倒し（プッシュ・ダウン教育）ではない、経験を重視した教育の早期からの保障が、各国でめざされている。お受験などによる選抜圧力や知識偏重教育が指摘されるシンガポールにおいても、将来の質の高い学びにつながるとして、幼児期は自らが好きな遊びを主体的に選択し、五感を活用した経験的カリキュラム（Free Play Based Curriculum）が、2007年より導入されている。

　移民を積極的に受け入れている先進国や、多文化的背景のある各国においては、人口の流動性の問題や言葉の壁の問題があり、その家庭の子どもたちの学校教育の機会均等を実質的に確保することが大変困難であり、大きな課題となっている。日本でも、国籍がない子どもが存在しているが、世界ではさらにその数が多い。発展途上にある国や先進国といわれる国々、いずれにおいても、教育を受ける権利をすべての子どもに保障することは、まだ達成できていない課題であるといえる。

　多文化的背景や経済的背景など、家庭教育環境の違いによる子どもたちの教育格差は大きな問題である。例えばドイツでは、2000年 PISA（学習到達度調査）の学力調査結果の反省のもと、学力の全体的な底上げをめざし、就学前教育の充実と正課外教育の充実による教育格差の是正を行い、結果、2012年 PISA の学力調査結果においてその成果がみられた。

2. 諸外国の教育問題──教育の質の維持と向上

　教育の質の維持と向上を図るために多様なかたちで教育の評価がグローバルに試みられている。卒業率や成績の成果の国際比較、教育投資の国際比較などが進められている。OECD（経済協力開発機構）では、教育委員会によって、2000年以降PISA事業（生徒の学習到達度調査事業：Programme for International Student Assessment）が進められている。読解力や、数学的リテラシー、科学的思考リテラシーについての学習到達度についてのテストが実施されている。OECDは、国際化と高度情報化社会に生きる力として、単なる知識と技術の習得のみならず、社会でともに生きていくために必要とされる能力を提示している。それを、OECDのDeSeCo（Definition and Selection of Competencies：Theoretical and Conceptual Foundations）プロジェクトでは、以下のように、3つのカテゴリーにまとめている。

①　相互作用的に道具を用いる
　　A　言語、シンボル、テキストを相互作用的に用いる能力
　　B　知識や情報を相互作用的に用いる能力
　　C　技術を相互作用的に用いる能力
②　異質な集団で交流する
　　A　他人とよい関係をつくる能力
　　B　協働する。チームで働く能力
　　C　争いや紛争を処理し、解決する能力
③　自律的に活動する
　　A　大きな展望のなかで活動する能力
　　B　人生計画や個人的プロジェクトを設計し実行する能力
　　C　自らの権利や、利害、限界、ニーズを表明する能力

　PISAの結果をふまえた教育改革は各国で進められている。

　学校評価については、例えば、イギリスにおいては全国共通の教育課程や試験の実施、スウェーデンや、デンマーク、ノルウェーにおいては学力向上のためのテストによる評価を重視する傾向がある。EU各国では、共通目標の設定、それに対する達成度の比較調査、評価といった手法が定着している。

　教職の高度化、離職率の低下への努力も各国で進められている。教員の要件の専門職基準の設置、管理職要件の整備（資格、経験年数、研修にかかわる規定など）が進められている。

Step3

1. 世界の教育改革——すべての人に教育を

1945年に採択されたユネスコ憲章において、すべての人に教育機会を保障することが唱えられた。しかし、実際は、発展途上国にも先進国にも教育機会の保障がなされているとはいえない状況がある。

ダカール行動枠組み

2000年に開催された「世界教育フォーラム」（ユネスコ、ユニセフ、国連開発計画、国連人口基金および世界銀行主催）では、「ダカール行動枠組み」が採択された。その6つの目標は以下のとおりである。

> 「ダカール行動枠組み」によるEFA（Education for All）へ向けた目標
> ① 最も恵まれない子供たちに特に配慮を行った総合的な就学前保育・教育の拡大および改善を図ること。
> ② 女子や困難な環境下にある子供たち、少数民族出身の子供たちに対し特別な配慮を払いつつ、2015年までにすべての子供たちが、無償で質の高い義務教育へのアクセスをもち、修学を完了できるようにすること。
> ③ すべての青年および成人の学習ニーズが、適切な学習プログラムおよび生活技能プログラムへの公平なアクセスを通じて満たされるようにすること。
> ④ 2015年までに成人（特に女性の）識字率の50%改善を達成すること。また、すべての成人が基礎教育および継続教育に対する公正なアクセスを達成すること。
> ⑤ 2005年までに初等および中等教育における男女格差を解消すること。2015年までに教育における男女の平等を達成すること。この過程において、女子の質のよい基礎教育への充分かつ平等なアクセスおよび修学の達成について特段の配慮を払うこと。
> ⑥ 特に読み書き能力、計算能力、および基本となる生活技能の面で、確認ができかつ測定可能な成果の達成が可能となるよう、教育のすべての局面における質の改善ならびに卓越性を確保すること。
>
> 資料：文部科学省「万人のための教育（EFA：Education for All）」 http://www.mext.go.jp/unesco/004/003.htm

発展途上国においては、人口増加や、貧困、戦争や紛争、性差別、その他の要因から教育の保障がなされておらず、その解決は子どもの権利保障の観点から国境を越えて国際的なコミュニティによるグローバルなイニシアティブの開発がめざされた。

2. 持続可能な開発のための教育（ESD）

　世界の環境問題、貧困問題、平和問題をより身近な問題ととらえ、問題解決を図ることを目標に、持続可能な開発のための教育（ESD：Education for Sustainable Development）が、世界各国でめざされている。ESDとは、すべての人々が持続可能な未来の実現に必要な知識、技能、生活態度、価値観を身につけることができる教育を指す。

ESDの概念

　ESDは、一方で個々人の人格の発達や、人間性（自律心、判断力、責任感など）を育むことがめざされている。また同時に他方で、ほかの人や、社会、自然との関係性を大切にする力を育むことがめざされている。よって、社会、文化、経済、環境といった多様な側面から学際的かつ総合的な取り組みがめざされている。

ESDのアクション

　2013年のユネスコ総会において「ESDに関するグローバル・アクション・プログラム（GAP）」が採択され、「すべての人が、持続可能な開発に貢献するための、知識、技能、価値観、態度を習得する機会を得るため、教育および学習を再方向づけすること」と、「持続可能な開発を促進するすべての関連アジェンダ、プログラムおよび活動において、教育および学習の役割を強化すること」が目標として位置づけられた。

　世界各国の教育課程にESDに関連する記述が含まれつつあり、日本でも、学習指導要領の総則、各教科のなかに持続可能な社会の構築の観点が盛り込まれている。

　2015年には、国連サミットにおいて、「持続可能な発展のための2030アジェンダ」が採択され、「持続可能な開発目標：目標4」(2)に「2030年までに男女区別なく、すべての子どもが質の高い乳幼児の発達・ケア、就学前教育にアクセスすることにより、初等教育を受ける準備が整うようにする」ことが掲げられた。

図表12-7　ESDの概念図

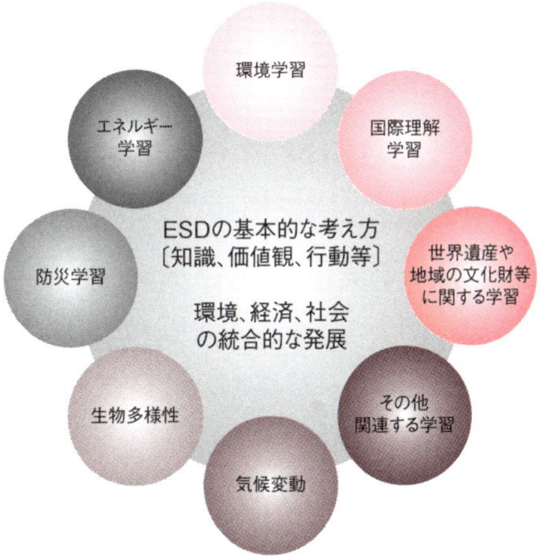

（環境学習／国際理解学習／エネルギー学習／世界遺産や地域の文化財等に関する学習／防災学習／その他関連する学習／生物多様性／気候変動／ESDの基本的な考え方〔知識、価値観、行動等〕／環境、経済、社会の統合的な発展）

資料：文部科学省「ESD（Education for Sustainable Development）」
http://www.mext.go.jp/unesco/004/1339970.htm

参考文献

- 文部科学省「教育指標の国際比較（平成25年版）」 http://www.mext.go.jp/b_menu/toukei/data/kokusai/1332512.htm
- 文部科学省「諸外国の教育統計（平成26年版）」 http://www.mext.go.jp/b_menu/toukei/data/syogaikoku/index.htm
- 文部科学省「万人のための教育（EFA：Education for All）」 http://www.mext.go.jp/unesco/004/003.htm
- 文部科学省「ESD（Education for Sustainable Development）」 http://www.mext.go.jp/unesco/004/1339970.htm

COLUMN 「子育て支援」から「家庭との連携」へ

　多くの園で「子育て支援」がなされている。その構想や実施は園が主体となっている場合が多い。しかし、アメリカの「全米PTA協会」は、保護者側から園や学校に対して家庭との連携を推進するように発信している。この点、日本とは違った特徴があり、注目に値するであろう。

　同協会は、園や学校と家庭との連携によって得られるよい効果について、①保育者や教師の意欲が高まること、②保護者・教師・管理職のコミュニケーションが頻繁になり深まること、③園や学校での活動や子どもの学びへの支援に、多くの保護者が積極的に参加したり協力したりするようになること、④地域からの支援が増えること、⑤子どもの意欲や能力が高まり成功に導かれることをあげている。

　また、その方法については、①すべての家庭を受け入れること、そのために居心地のよい雰囲気、つまり、相互が尊敬しあい、開放的な雰囲気をつくること、②よりよいコミュニケーションを図ること、そのために家庭との情報の共有に努めること、③子どもの成功を支援すること、そのために成長評価に関する情報を共有し家庭での学びの継続性を図ること、④すべての子どもの支援に参画すること、自分の子どもに限らずシステムとしての園や学校の機能を理解し、支援すること、⑤園や学校と、家庭がそれぞれの権利を保障し、両者が参画者となること、⑥地域と協力すること、そのために地域の社会的資源を知り、活用することを提示している。

（北野幸子）

第13講

教育実践の基礎

子どもの活動を支援するという日々の教育実践は、保育者がどのような内容をどのように教えるのかといった教育・保育の計画に基づいて行われている。本講では、教育・保育の計画の基礎となるカリキュラムの基本的な考え方を理解したうえで、わが国の保育内容・保育方法の特徴(とくちょう)を理解する。さらに、現在求められている保育・教育実践の評価や改善の方法について考えていく。

Step 1

1. カリキュラム

カリキュラムとは

　カリキュラム（Curriculum）とは、通常「教育課程」と訳される。教育課程とは、各学校等で行われる教育の全体計画を指すものであり、各学校等の実情に合わせて教育内容を効果的に配列して編成されるもので、教育を組織的に実践するうえで必要なものである。しかし、カリキュラムは本来、教育内容を時系列で配列した単なる計画のことを指すのではなく、教育という事象の内容や方法を考える際に使用する用語である。カリキュラムは、どのような子ども観や学習観、教育観にしたがうかによって異なってくる。これに対し、「教育課程」という用語は、わが国の学校教育のなかで使用されてきた「教育行政用語」であり、カリキュラムの概念のすべてを表すものではない。

　保育においては、新しい「保育所保育指針」（2017（平成29）年告示）の第1章　総則「3　保育の計画及び評価」のなかで、「保育の目標を達成するために、各保育所の保育の方針や目標に基づき、子どもの発達過程を踏まえて、保育の内容が組織的・計画的に構成され、保育所の生活の全体を通して、総合的に展開されるよう、全体的な計画を作成しなければならない」と記載されている。ここで示されている「全体的な計画」が「保育課程」である。

　保育課程のことを「保育カリキュラム」と呼ぶ場合や、保育と教育を別物としてとらえる考え方もあるが、ここでは保育課程も含めて、教育の内容・方法をどうとらえて設定するかというカリキュラムの基本的な編成原理を紹介する。

教科カリキュラムと経験カリキュラム

　カリキュラム編成の仕方は「教科カリキュラム」と「経験カリキュラム」の2つに大きく分けて考えることができる。カリキュラムにはほかの類型も存在するが、この2つの中間に位置すると考えられるため、ここではこの2つを取り上げる。

　教科カリキュラムとは、科学、技術、芸術などの文化遺産のなかから教育的価値のあるものを教育内容として選択し、教科・科目として設定し、子どもの発達段階に合わせて構成するものである。これに対し、経験カリキュラムは子どもの興味、関心、欲求を出発点として生活経験を重視し、現実の問題解決活動を中心に編成されるカリキュラムである。教科カリキュラムが教える内容としての教育内容の系統性を重視するのに対し、経験カリキュラムは学ぶ主体としての子どもの興味・関心

に基づく経験を重視するので、前者を「系統主義のカリキュラム」、後者を「経験主義のカリキュラム」ということもある。

　小学校以上の教育は多くの場合、教科を中心として編成されているため、教科カリキュラムということができる。これは、教育内容が網羅的・系統的に編成されており、教師による一斉授業によって効率的に指導できる一方で、子どもの創造的・批判的思考力を養いにくい、個々の子どもの興味・関心にそうことが難しいといった点が課題としてあげられる。

　これに対し、幼児教育・保育では、子どもの活動や経験を中心としたものが多いことから経験カリキュラムの要素が強い。しかし、経験カリキュラムで重要なことは、子どもの興味・関心に基づいた問題解決的な活動を通して、教育内容を習得させることである。つまり、単に活動や体験をしただけでは経験カリキュラムとはならない。音楽遊びや体操遊びなどは教師が選んで教えるという意味では、むしろ教科カリキュラムに近いのである。

　しかしながら、後述するように、幼児期においては体験活動などの直接的・具体的経験から認識を形成し、表現力・思考力を身につけていく。日々の生活を含めたさまざまな活動を通して子どもは学習しているのであり、それを意識してカリキュラムをとらえていくことが必要である。

潜在的カリキュラム

　教科カリキュラムにせよ、経験カリキュラムにせよ、各学校等で教育課程が編成される場合は、教職員間で共通理解を図ったり、あるいは子どもや保護者、地域の人々に伝えたりするために教育課程は明文化されている。このように、はっきりとカリキュラムの内容がわかる場合を「顕在的カリキュラム」と呼ぶのに対し、学校の風土や人間関係など、教師が教えているつもりがなくても子どもに伝わってしまうようなものを「潜在的カリキュラム」（Hidden Curriculum）という。

　潜在的カリキュラムは批判的に論じられることが多いが、潜在的カリキュラムを意識することで、プラスにも活用できる。例えば、片づけの時間になって、保育者が子どもたちに「片づけの時間ですよ。早く片づけて！」といつも声をかけているとしよう。これは子どもを保育者の指示通りに動かそうとしているだけであり、指示待ちの子どもを育てかねない。しかし、「○○分になったら片づけの時間ですよ」と見通しをもたせるはたらきかけを続けると、自分で自分の行動をコントロールする力を育てることにつながる。こういったことを意識化することで、保育の改善に役立つと考えられる。

2. わが国の保育内容

5領域の考え方

　わが国の「保育所保育指針」「幼稚園教育要領」「幼保連携型認定こども園教育・保育要領」においては、保育の内容として「健康」「人間関係」「環境」「言葉」「表現」の5領域が定められており、領域ごとにねらいとともに具体的な内容が示されている。これらは教科の枠組みではなく、保育者が幼児の生活を通して総合的に指導を行う際の視点であり、環境構成の視点でもある。総合的にねらいが達成されるように教育を行うことで、小学校以降の生活の基礎を育成することになっている。

　例えば、「給食を食べる」という日常的な活動をみてみよう。食事を摂るという意味では、第一に、健康なからだとこころを育てる領域「健康」にかかわることである。保育内容には「食べることを楽しみ、食べ物への興味や関心をもつ」という項目がある（満3歳以上）。友だちとお話しながら、かかわりながら食事をするという意味では領域「人間関係」、領域「言葉」のねらいもかかわる。生活に関するという意味では領域「環境」と関連する。領域「表現」にも「味、香りなどに気づいたり、感じたりして楽しむ」という項目がある（「保育所保育指針」）。感じたことを話すのは「言葉」による「表現」であり、それにより「人間関係」が育まれる、というように、相互に密接な関連があるものである。

　このように、各領域は何か1つの活動や知識を指すのではなく、むしろ1つの活動をさまざまな領域からみることができる。また、各領域が総合的に関連することでねらいが達成できるという構造になっている。

育みたい資質・能力と各領域の関係

　2017（平成29）年に告示された「幼稚園教育要領」「保育所保育指針」「幼保連携型認定こども園教育・保育要領」では、新たに「育みたい資質・能力」および「幼児期の終わりまでに育ってほしい姿」が加わった。今回の改訂で幼児教育は小学校以上の教育の基礎として明確に位置づけられ、幼児教育においても「知識及び技能の基礎」「思考力、判断力、表現力等の基礎」「学びに向かう力、人間性等」といった資質・能力を一体的に育むよう努めることとなった。

　さらに、「幼児期の終わりまでに育ってほしい姿」として、「健康な心と体」「自立心」「協同性」「道徳性・規範意識の芽生え」「社会生活との関わり」「思考力の芽生え」「自然との関わり・生命尊重」「数量や図形、標識や文字等への関心・感覚」「言

葉による伝え合い」「豊かな感性と表現」の10の姿が示された。これは5領域を通じて育みたい具体的な子どもの姿として示されている。したがって、10の姿は保育内容を示すのではなく、育みたい資質・能力の具体的な様子を示している。保育課程を編成する際や実際に保育を行う際に、これらを意識することが求められている。

生活づくり

　保育所、幼稚園、認定こども園等の幼児教育施設は、子どもにとって、家庭に次ぐ第二の生活の場である。特に乳児期から長時間保育を受ける子どもにとっては、基本的生活習慣をはじめ、他者のかかわり方や運動能力など、生活に必要なさまざまな能力を身につける場である。したがって、幼児教育・保育は子どもたちが自ら生きていく力、生活する力を育成することでもあり、「生活づくり」と呼ぶことができる。

　乳幼児期は大人の援助なしには生きていくことができない。1歳までの乳幼児は食事を1人で摂ることはできないし、そもそも食事をつくってくれる大人がいなければならない。この時点では、子どもは世話を受ける存在であり、それが子どもの生活の一部となっている。しかし、いずれは自分で食事を摂り、さらには食事の準備もできるようになる。大人の援助を受けながら、徐々に自分の生活にかかわることを自分の力でできるようになっていく。このように「生活づくり」とは、子どもの発達過程に応じて、自分で生活をしていく力を身につけさせていくことである。

　ここでいう「生活づくり」とは、基本的生活習慣の獲得だけを指すのではなく、友だちと協力して何かをすることの喜びを味わわせ、他者との協調の態度を養うことや、身の回りの事物に興味関心をもってかかわることなど、人間として生きていくうえでの基礎を育むことすべてを指す。保育者は子どもたちと日々の生活をともにしながら、徐々にそのような「人間として生きていく力」を育てていかなくてはならない。先に述べた5領域は、この「人間として生きていく力」を5つの観点から述べたものということができるだろう。

　乳幼児の教育は生涯にわたる人格形成の基礎であるといわれる。それは単に学校での勉強ができるようになるといったことではなく、生涯にわたって他者と協力しながら健康に生きていくための基礎が乳幼児期に形成されることを示している。「生活づくり」はそのための保育方法でもあり、保育目的でもある。

Step 2

1. 保育方法

遊びを通しての保育

　子どもは「遊び」を通してさまざまなことを学ぶ。例えば、積み木遊びでは、単に積み木を高く積んでいるだけのようにみえても、子どもにとっては高く積むためのバランスを考えたり、積んだ積み木が倒れないように手の力を微妙(びみょう)にコントロールしていたりする。倒れるかもしれないとドキドキしたり、高く積めたときの達成感を味わったりしている。また、友だちと一緒に積んでいれば協力したり、言葉を交わしたりしているし、保育者や保護者が見ていれば、自分がつくった積み木を見てもらい、認めてもらえることで、自己肯定感(じこうこうていかん)を獲得していく。

　子どもにとっての「遊び」は、自らの興味・関心(きょうみ・かんしん)に基づいて行われる自己活動であり、それに集中して取り組むなかでさまざまな能力を発達させていく。そのような活動が徐々に友だちとのかかわりを生み、4〜5歳にかけてルールのある集団遊びができるようになっていく。

　したがって、「遊びを通しての保育」とは、子どもにおもちゃを与えることでもないし、遊びのルールを教えて遊ばせることでもない。積み木の例のように、子どもが集中して遊んでいるとき、子どもの感覚や感情、認識などが発達する。そのことを保育者が理解したうえで、子どもが夢中になれる遊びを提供したり、支援したりしていくことが、「遊びを通しての保育」である。

環境を通しての保育

　子どもが興味・関心をもって遊びや活動に集中するためには、環境が必要である。ここでいう環境とは、子どもの周りに存在する事物だけでなく、自然現象や人物も含まれる。子どもは周囲のいろいろなものに興味・関心をもって遊ぶ。はじめて見たものは触ってみたいし、どんなふうに動くか試してみたい。そのような子どもの自己活動の衝動(しょうどう)が環境とのかかわりを生じさせる。この環境とのかかわりを通して、対象そのものについてや、対象とのかかわり方、道具の使い方などを学ぶ。それと同時に、対象とかかわる自分自身についても学ぶ。

　しかし、「環境を通しての保育」とは、遊具や素材を用意し、子どもが遊ぶままに任せることではない。「環境を通しての保育」は、子どもが環境に主体的にかかわることを重視した教育であるが、すべての子どもが環境に対し同じように興味を示すわけではない。子どもが何に興味・関心を抱くかは、それまでの生活経験に影

響を受ける。したがって、子どもが興味・関心をもつような保育者のはたらきかけが重要になる。

例えば、砂場に遊具や用具が用意してあったとしても、子どもがその遊具や用具の使い方を知らなければ、それを使って何かをつくろうとは考えないだろう。保育者が遊び方の見本をみせることで、子どもはそれをまねして遊ぶことができたり、それをもとに試行錯誤して、遊びを発展させたりすることができるのである。その意味では、保育者も人的環境として重要な役割をもっている。

乳幼児期は生涯にわたる認識力や思考力の基礎を育む時期である。その最初の「力」は感覚を通した直接経験によって形成される。「遊びを通しての保育」「環境を通しての保育」は、ともにこの直接経験を通した教育方法であり、乳幼児期の発達の特徴に即した指導方法である。子どもの感覚を刺激するような豊かな直接経験ができるような遊びや環境を用意することが必要である。

集団づくり

幼児教育施設での保育の特徴の1つは、「集団のなかで育つ」ということである。子どもたちは他者とのかかわりを通して、社会性や協調性、道徳性を身につけていく。

この際重要なのが、集団の質である。友だちを思いやり、助け合う集団ができていれば、社会性や協調性などは容易に形成される。しかし、クラスの子どもたちに落ち着きがなく、互いに協力できなければ、当然、社会性などの形成も難しくなる。子ども一人ひとりは個性があり、個別にかかわれば問題がない場合でも、集団になるとルールが守れなかったり、騒いで喧嘩をしたり、ということも起こる。

次に述べるように、集団保育は子どもの個性をつぶすかのように誤解されて、個別に自由に遊ぶことがよいこととされる風潮もあるようである。しかしながら、生活づくりの視点から考えると、子どもは将来大人となって、社会の一員として生活していくことになる。そのなかでは、他者と協力し、意見の相違に対して折り合いをつけていくことも必要である。幼児期は、他者とのかかわり方の基礎を学ぶ時期でもある。その段階では、トラブルを通して友だちとの関係をつくり直す経験や、1人ではできないことをみんなで協力して成し遂げる経験も必要である。

嫌な思い、くやしい気持ちを経験することも含めて、集団のなかでともに生活する自分自身のあり方を学ぶことは、幼児期において重要なことである。そのためには、集団で何らかの活動を行うことが必要となる。しかし、それは、保育者が指示して何かをやらせることではない。子どもたち自身が自発的に取り組みたい活動を組織するなかで、子どもたちの集団を望ましいものに方向づけていくことが必要である。

2. 保育形態

個と集団

　「保育形態」とは、保育を実際に行う際の活動の形態を意味する。典型的な形態は「一斉保育」と「自由保育」である。一斉保育は集団に対して一斉に指導することで、基本的に子どもたちは同じ活動を行う。これに対し、自由保育は子どもの個々の興味・関心に基づいて行われる活動を支援することで、子どもたちはそれぞれ異なる活動をするため、個別指導が中心となる。

　一斉保育、自由保育という用語は、これまでの歴史のなかで多様に解釈され、実践されてきた。これらの用語をネガティブにとらえている場合は、これらの用語を使用しない傾向があるようである。例えば、一斉保育は子どもたちを一様に保育者の望む方向で活動させ、子どもの自主性を否定している形態としてとらえ、自由保育は子どもを放任し、保育者が何も指導・支援を行わない形態としてとらえ、誤解しているような場合である。同様に、「集団保育」についても、「集団で一斉に同じことをすること」で、すべての子どもが同じようにできることを強要するものととらえると、集団保育を否定し、「個別保育」のほうがよいと考えるようである。

　しかしながら、子どもの成長発達を考えるならば、「一斉保育か自由保育か」という二者択一、あるいは「集団＝子どもの個性をつぶす」「個別＝子どもの個性を伸ばす」といった「集団」と「個」を対立構図でとらえること自体が間違いである。子どもたちは集団のなかで育ち、集団のなかで個性を発揮する。他者がいるからこそ、自分と他者の違いに気づき、自分という人間の個別性に気づく。豊かな集団活動とは、子ども一人ひとりの個性が発揮される活動である。一斉保育で同じ活動をしていても、違いが生じるのは当然である。そのとき保育者がどうかかわるかが子どもの社会性や自主性に影響していくのであり、保育形態それ自体に問題があるのではない。一斉保育にせよ、自由保育にせよ、それぞれの保育形態の特性を理解し、保育の内容や目的に応じた保育形態を選択することが大切である。

設定保育とコーナー保育

　「設定保育」とは、保育者が指導上のねらいや目標をもって、計画的に子どもの活動を設定する保育形態である。設定保育というと、午前中の活動のなかで、保育者主導で行われる一斉保育をイメージするかもしれないが、設定保育のなかでも個別保育を行うことがあるので、一斉保育と同じではない。幼児教育施設では保育課

程に基づいた指導計画が作成されているため、基本的にはどの幼児教育施設でも設定保育が行われている。自由保育の場合も、指導計画がある場合は設定保育と考えるべきであろう。

　近年、日本の保育現場でよく見かけるようになった保育形態に「コーナー保育」がある。具体的なやり方は幼児教育施設によって違いがあるが、保育室の中にテーマのあるコーナーをつくり、子どもが各自好きなコーナーを選んで自由に遊ぶことができるようにするものである。例えば、おままごとのコーナー、絵本のコーナー、ブロックのコーナーなどである。コーナーは通常、背の低い棚などで仕切られた狭い空間になっている。この狭い空間が子どもに安心感を与え、活動に集中しやすくしている。保育室全体をいろいろなコーナーに仕切っている場合もあれば、保育室の一部にコーナーを設けている場合もある。また、設定保育が、すべてコーナー保育となっている幼児教育施設もあれば、一斉保育と組み合わせて、一部でコーナー保育を活用しているところもある。コーナー保育は、子どもがどのコーナーで遊ぶか自由に決められるという意味では、自由保育の一形態と考えられる。先に述べたように、自由保育は保育者が何もしないことではなく、コーナー保育では子どもの自発的な遊びがうながされるように環境を設定している。コーナー保育の場合も、保育者のねらいや計画があるので、それらに即した指導・援助が必要である。

異年齢保育

　クラス編成の観点から保育形態をみるなら、同年齢による編成と異年齢による編成がある。異年齢によるクラス編成は縦割りクラスと呼ばれることもある。

　同年齢によるクラス編成のメリットは、クラスの子どもたちの発達水準が近いために一斉保育が効果的に行いやすいという点にある。また、個々の能力が似ているため、友だちのまね・模倣が容易であり、お互いに発達をうながすと考えられる。一方で、同年齢でも発達の個人差があることから、競争意識が過度にはたらいたり、力関係が生じてしまうこともある。

　異年齢によるクラス編成のメリットは、年齢によって発達水準が異なるため、年長者が年少者に思いやりをもってかかわりやすく、年少者は年長者を慕うようになるといった社会性や情緒的な面での教育的な効果が出やすい点にある。しかし、一斉保育には不向きで、指導上の工夫や配慮が必要となる。

　これもどちらがよいということではなく、幼児教育施設の環境や子どもたちの状況、保育の目的などにそって選択すべきことである。設定保育は同年齢クラス、生活は異年齢クラスという方法も可能であろう。

第13講　教育実践の基礎

Step3

1. 計画と評価

PDCAサイクル

　これまで述べてきたように、幼児教育・保育においても目標や計画が設定され、それに基づいて保育者は日々子どもとかかわっている。しかし、実践を行うなかで、計画が現状に合わなくなった場合や、子どもの個性や保育者の力量などに合わせて、カリキュラムを見直す必要も出てくる。このようにカリキュラムを状況に合わせて検証し、改善しながら運用していくことをマネジメントというが、これには「PDCA サイクル」と呼ばれる過程がある。

　PDCA とは Plan（計画）、Do（実行）、Check（評価）、Action（改善）を指し、4つがサイクルとなって繰り返し行われることで、状況の改善をめざす。したがって、教育・保育の場合も、計画を実践して終わるのではなく、適切な評価を行い、必要に応じて改善を行っていくことが重要である。つまり、評価（Check）のあとに改善（Action）をするということは、その改善の視点を計画（Plan）に反映させ、実行（Do）するということである。

評価のとらえ方

　このようなマネジメント・サイクルにしたがって考えると、評価は子どもの能力や保育者の力量をランクづけするために行うのではなく、よりよい実践へ向けて何が必要かを考えるために行うものであることがわかる。したがって、評価の結果に応じて、子どもや保育者にペナルティを課すことは本末転倒である。

　評価は計画が適切であったか、あるいは計画が適切に実施されたかをみるものである。例えば、ダンスを通して体を動かす楽しさを感じさせたいと考え、そのために子どもが興味をもちそうな曲を用意したが、あまり楽しんでダンスをしてくれなかったとする。このとき、保育者は「子どもは楽しくダンスできなかった」と評価して終わるのではなく、「子どもが楽しくダンスできなかったのはなぜか」を考えることが重要である。

　評価の視点はあらかじめ考えておく。上記の場合、子どもが興味をもつ曲だったか、どういう様子が楽しんでダンスしていることなのか、などが評価の視点となる。子どもが興味をもった曲だったのに、ダンスを楽しめなかったとすると、どこを改善すればよいのか、ということが検討課題となる。ダンスの動きが難しかったのかもしれないし、保育者主導の指導に問題があったかもしれない。改善点が見つかれ

ば、次の実践でそれを反映する。その繰り返しが「PDCA サイクル」である。

　「ダンスができなかった」という点では子どもの様子を評価しているのだが、その目的は指導の改善にある。失敗を責めるのではなく、どうすればよいのかを考えることが本来の評価のとらえ方である。また、計画段階で評価の視点を明確にすることで、実践を見る目も養われる。最初から完璧な計画や実践はあり得ないので、先輩保育者や園長・主任からの助言を受けながら、保育者自身も学び続ける姿勢が大切である。

2. 保育記録の重要性とカンファレンス

　保育現場では、指導計画の日案や月案に対する記録、お便り帳に書く記録、保育者間の連絡事項、小学校に提出する「保育所児童保育要録」や「幼稚園幼児指導要録」など、さまざまな記録を作成している。カリキュラムや日々の実践を見直すために、別の形で実践記録を残している場合もある。

　このような保育記録を書くことは、第1に乳幼児の理解につながる。どのような視点でどのような子どもの様子をとらえるかは、子どもをどう理解しているかによる。記録することで子どもを客観的にとらえる力がつく。第2に、指導の改善につながる。先に述べた評価は、実践を記録することによってなされる。さらに、その記録をもとにほかの保育者と協議を行うことができる。特に、記録や資料に基づいて保育者間で相互理解を図り、課題解決の方法を検討する話し合いを「カンファレンス」と呼ぶが、この際にも記録は重要である。

　保育記録を作成する力と保育の実践力には相互関係があり、記録するポイントがわかるようになれば実践力もついてくるし、実践力がつけば記録の質も向上する。しかし、最初は子どもの何を見るべきか、実践のポイントはどこかもわからないだろう。保育記録がうまく書けるようになるためには、書いた記録をほかの保育者と積極的に共有し、助言や指導を受けたり、カンファレンス等で活用していくことが有効である。

参考文献

- 小田豊・青井倫子編著『新保育ライブラリ 保育の内容・方法を知る 幼児教育の方法』北大路書房,2009.
- 北野幸子編著『シードブック 子どもの教育原理』建帛社,2011.
- 宍戸健夫『実践の質を高める保育計画——保育カリキュラムの考え方』かもがわ出版,2003.
- 鈴木由美子編著『教師教育講座⑥ 教育課程論』協同出版,2014.
- 待井和江編『現代の保育学④ 保育原理 第3版』ミネルヴァ書房,2009.
- 文部科学省『幼稚園教育要領解説』フレーベル館,2008.
- 文部科学省『幼稚園教育指導資料 第5集 指導と評価に生かす記録』チャイルド本社,2013.
- 無藤隆・汐見稔幸・砂上史子著『ここがポイント！3法令ガイドブック——新しい『幼稚園教育要領』『保育所保育指針』『幼保連携型認定こども園教育・保育要領』の理解のために』フレーベル館,2017.

第14講

さまざまな教育実践

　それぞれの園の実情や目標に合わせて、さまざまな教育実践が行われている。ここでは、幼稚園を創設したフレーベルの実践、モンテッソーリ・メソッドの生みの親であるモンテッソーリの実践から幼児教育実践のエッセンスを学習する。さらに近年注目されている海外の幼児教育実践の特徴(とくちょう)や実践例を紹介する。そのうえで、わが国の今後の教育実践上の課題について考えていく。

Step 1

1. フレーベル理論に基づく幼児教育

フレーベルの幼稚園の実践

　フレーベル（Fröbel, F. W.）は1840年に世界初の幼稚園（Kindergarten、正式名称は「普遍的ドイツ幼稚園」）を創設した。それまでにフレーベルは、学校教師や家庭教師の経験、当時世界的に注目されたペスタロッチー（Pestalozzi, J. H.）の学園での滞在経験などから自らの教育思想を構築し、それを著書『人間の教育』（1826年）にまとめ、公表した。また、幼児のための教育遊具として「恩物」（Gabe）を製作し、その普及に努めた。この教育遊具の製造施設や指導者の養成施設などを併設する形で、ドイツのバート・ブランケンブルクに世界最初の幼稚園はつくられた（第6講 Step 2 参照）。

　したがって、フレーベル自身が創設した幼稚園の目的は単に子どもを養育することではなかった。第1に子どもたちを養護するだけでなく、子どもの本性に基づいた活動を通して子どもを教育すること、第2に子どもを教育する若い人や親に正しい子どもの導き方を教えること、第3に子どものよりよい保育にふさわしい遊具や遊戯法を周知・普及すること、であった。つまり、フレーベルの幼稚園では保育者養成も同時に行われていたのである。

　フレーベルは子どもの自己活動を重視し、子どもの遊具である恩物を開発している。フレーベルにとって「遊び（遊戯・作業）」は、子どもの本性である「神性」を表現することであって、遊びを通して「行うこと」「感じること」「考えること」という身体的・精神的な発達がうながされると考えていた。

　フレーベルの幼稚園では恩物を使った遊び以外にも、子どもの感覚を刺激するさまざま活動が行われていた。歌やダンスはもちろん、庭仕事（植物栽培）や散歩、劇や色紙の編み細工などである。ここで学んだ保育者たちがやがて世界へ散らばって、フレーベルの精神を伝えていくことになる。

フレーベル主義の幼稚園

　フレーベルの創設した幼稚園は、当時の政治的な混乱のなかで誤解を受け、政府から禁止された。しかし、フレーベルの精神はフレーベルの幼稚園で学んだ保育者やフレーベルの教育思想の理解者たちによって、世界各地に広まっていく。

　日本で最初の幼稚園は、1876（明治9）年に開設された東京女子師範学校附属幼稚園であり、アメリカでのフレーベル主義の幼稚園を模範とした。特に、保育内容

の大半が恩物で占められ、保母がモデルを示して幼児に造形をさせていた。フレーベルの教育は、附属幼稚園を模範として開設された幼稚園において、形式的な詰め込み教育として理解され、後にフレーベル主義は批判されることとなった。

　1887（明治20）年に幼稚園を開設するため来日したアメリカ人宣教師のハウ（Howe, A. L.）は幼稚園教育の実践においてフレーベルの根本精神を正しく理解することの必要性を感じ、フレーベルの著書を日本語に翻訳し、フレーベルの教育思想を普及することに尽力した。彼女が神戸に創設した頌栄幼稚園は今でもその精神を受け継いでいる。

フレーベル・スクールの実践

　イギリスではフレーベルの弟子たちが開いた学校を起源にもつ教員養成施設が、「フレーベル・カレッジ」として残っており、今もなお、フレーベル研究や幼児教育研究の拠点として機能している。また、フレーベル協会（Froebel Society）のメンバーが運営するフレーベル・スクールも存在する。

　イギリス南部の田舎町ルイスにあるアナン・フレーベル・スクール（Annan The Froebel School）もその1つである。もともと農場だった園舎は静かな森に隣接し、子どもたちは季節ごとに変わる自然のなかでのびのびと過ごしながら学習する。園舎内でごっこ遊びをしたり、積み木で遊んだりもするが、森に出かけて小動物の家をつくったり、自分たちの庭で植物を育てたりもする。わが国における「週案」のようなタイムテーブル（計画表）はあるが、教師が用意した遊びを子どもにさせるのではなく、子どもたちの興味関心に合わせて柔軟に活動ができるようになっていて、それらの活動の記録を、「ラーニング・ジャーニー（Learning Journey）」と呼ばれる一人ひとりの学びや成長の記録として残している。活動内容は個々で行うものもあれば、全体で集まってお話を聞くこともあるし、お祭りのように行事に参加してみんなで楽しむ場合もある。子どもの興味関心に合わせることは、けっして一人ひとりが勝手気ままに遊ぶことではない。

　また、「フレーベル・スクール」というように、アナン・フレーベル・スクールは幼児教育だけをする施設ではなく、現在は2歳から11歳までの子どもが通う小規模な私立学校である。フレーベルは幼児教育だけを行ったのではなく、幼児期を含めた人間の教育全体について考察している。フレーベルの思想を理解することは、幼児教育にとどまらず、人間をどう教育するかといった課題にも応えるものである。アナン・フレーベル・スクールでは実践者である教師たちがフレーベルの思想を理解し、それを実践と結びつけながら教育を行っている。

2. モンテッソーリ理論に基づく幼児教育

モンテッソーリ・メソッド

　モンテッソーリ・メソッド（Montessori Method）とはイタリアのモンテッソーリ（Montessori, M.）が開発した教育方法を指す。特に、モンテッソーリが製作した教育遊具（教具）は子どもの知的発達をうながすため、日本では知的教育として人気があるが、モンテッソーリ自身は子どもの自由な自発的活動を保障するために教具を開発している（**第7講 Step 3 参照**）。

　モンテッソーリ教育においては教具の使用は「作業」（work）と呼ばれ、子どもが作業に集中することを重視している。モンテッソーリによれば、作業での同じ課題を何度も集中して繰り返すことが、子どもを変え、新しい人格を創造する。この教具は「感覚教具」（sensorial materials）と呼ばれ、作業により感覚を鋭敏にし、知覚の範囲を広めて、知的成長を確実に基礎づけることができるとされている。

「子どもの家」の実践

　イタリア初の女性医学博士であるモンテッソーリは、知的障害児の治療と教育について研究しながら、師範学校や大学で教育学や実験心理学、人類学を研究し、講義などを行った。1906年にローマのスラム街サン・ロレンツォ地区の保育を必要とする子どもたちの世話と指導を依頼され、1907年に「子どもの家」を創設し、それまで取り組んできた障害児の治療と教育の経験を健常児の子どもたちに適用した。「感覚教具」も知的障害児の教育で使われていた教材を改良したものである。

写真14-1 モンテッソーリ・スクール（イギリス）で使われている教具の一部
基本的に1人で1つの教具を使い、使い終わると各自で片づける。使いたい教具をほかの子どもが使っている場合は、その子どもが使い終わるまで待つ。

Step 1

　「子どもの家」では「実生活の訓練」として家事仕事が導入されていた。モンテッソーリは教育の目的を「生活のための教育」だと考えており、人間の生活の認識が教育の出発点ととらえていた。子どもの自由で自発的な活動を妨げないよう、「子どもの家」では机やいすなどの生活で使う備品を子どもたちのサイズに合わせていた。またモンテッソーリの学校では「縦割り編成」のクラスがつくられ、年長者が年少の子を教えたり手助けしたりしていた。このように年長者が年少者を保護し、また年少者が年長者を尊敬するといった「親愛」の情が子どもたちの間に生まれ、集団における社会性や協同性が自然に培われるとともに、秩序と自発的な規律も生じる。

　モンテッソーリの教育法は教育関係者の関心を集め、1909年には最初のモンテッソーリ教師養成コースが開設された。モンテッソーリの著書『子どもの家における幼児に適用された科学的教育の方法』（1909年）は20か国以上で翻訳され、「子どもの家」には世界各地から見学者が訪れた。その後、イタリアをはじめ、世界各地にモンテッソーリ協会や教師養成コースが設立され、今も世界中にモンテッソーリ・スクールが存在している。

モンテッソーリ・スクールの実践

　日本でも、「モンテッソーリ教育」を行う場合は、日本モンテッソーリ協会公認の教員養成コースで研修を受けなければならない。ただ、モンテッソーリ教具の取り入れ方は幼児教育施設によって異なり、教具だけを取り入れている場合もあるようである。

　モンテッソーリ・スクールの実践を紹介しているビデオでは、むしろ、日常生活を子どもたち自身の力で行っている姿が目立つ。朝、登園して、自分で着替えをして、自分で何をするかを決める。おやつや昼食も自分たちで準備し、片づけまで行う。外に出て庭の植物を観察したり、飼育している動物と遊んだりもする。「感覚教具」で自由に作業をし、終わったら自分で片づける。

　ここでの教師の役割は子どもの活動に介入することではなく、子どもをよく観察し、子どもの様子を記録し、必要に応じて支援することである。異年齢の縦割りクラス編成をしているため、たいていのことは年長者が年少者に教えることができる。教師は子どもたち同士で解決できないことを、子どもが教師に助けを求めにきたときに対応する。このような教師観はルソー（Rousseau, J. J.）の消極教育に通じるものであり、子どもの自主性を尊重するものである。

Step 2

1. レッジョ・エミリア・アプローチ

レッジョ・エミリアの幼児教育

　レッジョ・エミリアはイタリア北部の人口17万人ほどの小都市である。このレッジョ・エミリア市の公立の乳児保育所・幼児学校で実施されている幼児教育が世界の教育関係者の注目を集めている。一見して特徴的なのは、子どもたちの芸術活動の豊かさであり、それを通して子どもの知性、感性、想像力を育成している。

　レッジョ・エミリアの幼児教育の特徴の1つは、乳児保育所と幼児学校に保育者とは別にアトリエリスタ（芸術家）とペダゴジスタ（教育学者）を配置していることである。両者は大学で芸術や教育学を専攻した教師であり、子どもたちにそれぞれの立場からかかわると同時に、保育者の教師としての専門性を高める役割を担っている。

　子どもたちの活動はプロジェクタツィオーネ（プロジェクト）と呼ばれる単元で組織されていて、保育者たちは子どもたちの活動を細かく記録し、ドキュメンテーションと呼ばれる実践記録を作成する。これをもとに、保育者同士だけでなく、保育者と子ども、保育者と保護者は、子どもの育ちに関する情報を共有し、ともに学び合う「学びの共同体」をつくっている。

　レッジョ・エミリア市の幼児教育の発展は、第二次世界大戦後の文化・社会政策の転換期の女性解放運動などの社会運動と連動している。つまり、社会や政治のあり方も含めた市民の議論のもとに幼児教育をどうすべきかという議論がなされてきたということである。レッジョ・エミリアの幼児教育の指導を長年行ったのは、教育思想家・教育実践家マラグッチ（Malaguzzi, L.）であり、ピアジェ（Piaget, J.）、ヴィゴツキー（Vygotsky, L. S.）、デューイ（Dewey, J.）、ブルーナー（Bruner, J. S.）など、20世紀の最先端の発達理論と教育理論を統合し、文学や芸術などを活用した創造的な教育活動を提案した。マラグッチの死後も市民参加の議論や企画、さまざまなネットワークが機能しており、レッジョ・エミリアの幼児教育は発展し続けている。

プロジェクト・アプローチ

　レッジョ・エミリアの幼児教育の教育方法上の特徴は、プロジェクト活動にある。プロジェクト活動はあるテーマ（トピック）に基づいて構成され、子どもの興味関心に即してテーマ（トピック）に関連する活動が行われる。プロジェクト活動は

基本的にはデューイの教育理論をもとにしており、アメリカや日本でも行われているが、その目的や方法、視点などがレッジョ・エミリアでは特徴的である。

　例えば、「光」というテーマ（トピック）では、子どもたちはオーバーヘッドプロジェクターを使って影絵をつくったり、ボトルの色が反映されたりすることを自由に遊びながら知る。屋外で太陽の光を鏡に反射させて、光の通り道を探り、その経験を友だちと語り合ったり、どんなふうに変化するか一緒に考えたりする。さらに、プロジェクターのしくみを紙に描いてみたり、光を「つかまえる」マシーンを考えたりする。このように「光」についてさまざまにアプローチし、思ったことや考えたこと、発見したことなどを絵や言葉、作品として表現していく。

　通常、プロジェクト活動は、取り上げられるテーマ（トピック）に関するさまざまな活動を通して、そのテーマ（トピック）に関する知識を得たり、あるいは活動を通して思考力や言語能力を身につけることなどを目的とすると理解されている。これに対し、レッジョ・エミリアのプロジェクト・アプローチでは、テーマ（トピック）に関する一般的な知識の習得というよりはむしろ、子どもがそのテーマ（トピック）に関して想像的・創造的に活動するなかで、自分の認識や他者との関係性を再構築するプロセスを重視している。例えば、「光」を「つかまえる」という発想はあまり大人では思いつかない。しかし、「つかまえる」というイメージをすることによって、それまで子どもに見えていなかった「光」を認識することができるようになる。

2. 森の幼稚園

「森の幼稚園」とは

　「森の幼稚園」とは、幼児期の子どもたちが直接森に出かけて行って、自然の動植物に直接触れ合いながらさまざまな体験をする保育・幼児教育のこと、あるいはそれを行っている園のことをいう。発祥は1950年代半ばのデンマークで、1人の母親が子どもを森で思いきり遊ばせたいと思い、やがて近所の母親たちも自分の子どもをその母親に預けるようになったことからはじまった。スウェーデンでは50年程前に「森のムッレ教室」という、森の中で遊びながらエコロジーを学ぶ自然教育プログラムが開発され、保育園だけでなく小学校でも取り入れられている。ドイツにも多くの森の幼稚園が存在している。

自然のなかでの教育

　森の幼稚園はヨーロッパでは幼児期の環境教育の一環、あるいはオルタナティヴ教育（代替教育）として注目されている。しかし、幼児教育の本質を考慮するなら、「森の幼稚園」が特徴とする自然のなかでの教育は、幼児期の子どもたちにとってとても重要であることがわかる。

　幼児期は五感を通して学習する。自然は子どもの感覚をさまざまな形で刺激する。子どもたちは自然からインスピレーションを受けて、想像力をはたらかせて自由に主体的に活動する。また、自然の変化のなかで自然とのかかわり方を知り、自然のなかで過ごすために必要な道具の使い方を直接体験を通して学ぶ。悪天候でも森の中で過ごすため、ときには自然の怖さを体験することになる。しかし、そういったことも含めて自然を知ることで、自然を大切にするこころが育つ。

　森の中では体を動かし、感覚をはたらかせて過ごすことになる。この経験が、子ども達の認識力や思考力を育てる。また、自然のなかで身を守るために約束ごとも守らなければならない。ときには友だちと協力することも必要である。自然のなかでの体験を通した教育は、社会性や協調性をも育むのである。

　フレーベルも自然のなかを散策することを重視していた。単に環境を知るためだけではなく、子どもの自発性や自己活動が発揮され、子どもの諸能力を発達させる場として、森に象徴される自然環境は教育的な意義がある。

3. シュタイナー幼稚園

シュタイナーと幼児教育

　「シュタイナー幼稚園」とは、シュタイナー（Steiner, R.）の思想に基づいた幼児教育を行っている幼稚園である。シュタイナーは、自然科学と精神科学を総合して独自の思想である「人智学（アントロポゾフィー）」を樹立した思想家である。シュタイナーの思想は教育だけでなく、医学、芸術、農業、社会論などの分野に業績を残した。教育に関しては、世界各地にシュタイナーの教育理論に基づいたシュタイナー学校やシュタイナー幼稚園が設立されている。

　シュタイナー学校では教科書は使わず、点数をつけるためのテストを行わない。芸術性を重視し、子どもの感性や感覚、創造性を育む独特の教育方法が用いられている。したがって、シュタイナー教育は独自の教員養成コースをもち、シュタイ

ナーの教育理論を学んだ者がシュタイナー学校の教師となることができる。

シュタイナーの教育理論の特徴は、7年周期説による発達段階論である。誕生から7歳までは身体の模倣活動(もほうかつどう)によって学習がなされる時期であり、7歳から14歳までは子どもの感情やイメージに訴えることができるようになる時期であり、14歳から21歳において因果関係など思考に訴える授業が可能となる時期であると考えられている。

シュタイナー幼稚園の特徴

幼稚園は誕生から7歳までの最初の時期にあたる。シュタイナーは7歳までに肉体に関することがらが育成されるといっている。これは大人などを模倣することによって、視覚や聴覚、触覚といったさまざまな感覚が刺激されて、子どもの重要な身体器官が形成されることを指している。

はいはいの時期から第一次反抗期までの子どもは、物を散らかしたり、ただもてあそんでいるように見えるかもしれないが、大人や周りの子どもの行動を模倣している。3歳から5歳にかけてはファンタジー(空想)の要素が加わり、想像の世界のなかでごっこ遊びを楽しむようになる。5歳から6歳までは自分の経験からイメージをもつようになり、それを遊びに反映させるようになる。シュタイナー幼稚園ではこの時期に大人の仕事、例えば料理や洗濯物干し、掃除や裁縫(さいほう)といった作業を手伝わせることが子どものファンタジー(空想)を強めると考え、手仕事を取り入れている。この子どもの模倣衝動、つまり大人をまねしたいという欲求にしたがって導くことをシュタイナーは重視し、命令や禁止、説教は何の役にも立たないとまで述べている。

シュタイナーの幼児教育においては、子どもの模倣衝動が遊びとなり、大人の仕事を模倣する手仕事の経験がまた遊びのイメージとなって、遊びや手仕事の活動が子どもの身体器官を形成すると考えている。そのような模倣活動は子どもが実際にやってみる機会をつくることによって成り立つ。その意味では、子どもの感覚を刺激するさまざまな自己活動が子どもの感覚や身体を発達させるという幼児教育の原理と共通する。

また、遊具に関しては、自然のものか、自然に少し手を加えたものがよいとされている。そのほうが子どもの創造性を刺激するからである。ファンタジー(空想)は大人の価値観からすれば無意味なものと思われがちであるが、シュタイナー教育においては重要なものとされている。ファンタジー(空想)から新たなものが創造されるし、子どもの精神をのびのびと発達させるからである。

第14講 さまざまな教育実践

Step 3

1. これからの教育実践の課題

　ここでは、今後わが国の幼児教育・保育において実践上の課題となると思われる点について、2つの「多様性」に注目する。1つは子どもの育ちの「多様性」であり、家庭環境や月齢・年齢における多様さへの対応の問題である。もう1つは子ども自身の「多様性」、つまり、さまざまなニーズをもった子どもや多文化な背景をもった子どもなど、多様な個性をもつ子どもたちの教育・保育の問題である。

子どもの育ちの「多様性」への対応

　子ども・子育て支援制度の改革にともなって、今後、ますますさまざまな家庭的背景をもった子どもたちを1つの園やクラスで引き受けることになることが予測される。ライフスタイルの多様化や貧困の問題など、家庭にはさまざまな違いがあり、従来のような一斉保育による指導が難しくなっている場合もある。年齢が同じでも発達に差があったり、個人差があったりすることは、本来、子ども一人ひとりが違った存在である以上当然のことではあるが、その差が大きくなってきていると考えられる。また、保育者は地域における子ども・子育て支援の役割も期待されており、通園する子どもたちやその保護者以外への対応も求められている。

多様な個性・ニーズをもつ子どもたちの幼児教育・保育

　子どもの育ちの多様性の1つととらえることができるかもしれないが、すでに課題となっているのが特別なニーズをもつ子どもへの対応である。インクルーシブ教育（統合教育）の考え方が広がるなか、特別なニーズをもっていても通常の保育所・幼稚園等で受け入れる事例が増えてきている。子どもたちの育ちにとっては、インクルーシブ教育がとてもよい影響を与えるのであるが、実際にそれを実践する際には通常よりも配慮が必要となり、保育者への負担が大きくなることも事実である。各園で研修をしたり、指導を工夫するなどして対応しているが、今後さらに、行政の支援や専門家による連携システムの構築が必要である。

　さらに、国際化を背景に、外国籍の子どもや親が外国人である子ども、帰国子女などがクラスにいることもめずらしくなくなってきた。それぞれの文化を尊重する姿勢を保育者自身がもつとともに、子どもたち相互の異文化理解のよい機会としてとらえることが大切である。わが国は地理的・文化的な背景から、教育においても同質集団であることを善しとしてきたが、今後はさまざまな多様性を認めながら、互いに協力し助け合う共同性を育成するという視点が必要である。

2. 小学校以上の学校教育との関連

　文部科学省は2010（平成22）年に「幼児期の教育と小学校教育の円滑な接続の在り方について（報告）」を提出し、子どもの発達や学びの連続性を保障するため、幼児期の教育と児童期の教育の円滑な接続と体系的な教育の組織化が必要であるとの認識を示した。

　現状としては、ほとんどの地方公共団体（都道府県教育委員会、市町村教育委員会）が幼小接続の重要性を認識しているにもかかわらず、十分な取り組みがなされていない。その理由としては、実際に具体的に接続することが難しいことや、幼小の教育の違いについて十分理解されていないことがあげられている。幼小接続の取り組みを進めるための方策として、教職員の交流や研修のあり方などが報告書で指摘されている。

　各地方公共団体、各学校・園で具体的に連携・接続をどう図るかということは、それぞれが検討して実施していかなくてはならないが、幼小連続した教育課程の研究が大学の附属幼稚園、附属小学校などで行われている。そういったものを参考にしながら、各地域・学校・園の実情に即したカリキュラム開発が必要である。

　保育者としてまずできることは、幼児期の育ちが小学校以降の教育に影響を与えていることを知り、それを意識して日々の保育にあたることである。小学校以降の子どもの発達についても理解が必要となってくる。

　例えば、年長児になると小学校進学を考慮して、市販のワークブックなどを用いて文字の書き方指導を行っている園がある。「保育所保育指針」「幼稚園教育要領」にしたがえば、文字については正確に書けるようになることは求められておらず、「文字に対する興味や関心をもつようにすること」（幼稚園教育要領　第2章ねらい及び内容　言葉　3内容の取扱い）となっている。これは発達上の理由からであり、正しい姿勢で運筆できるようになる以前に、文字を正確に書かせようとすることは逆効果になりかねない。むしろ、絵本やお話をたくさん読み聴かせたり、話し合いをすることが、小学校での授業で教師の話をしっかり聞くこと、自分の考えを表現することなどにつながり、小学校での学習による学力形成にも効果が高いと考えられる。

　小学校以上の学校教育との一貫した教育課程の開発はまだはじまったばかりであるが、各園、保育者個々人においても小学校以降の教育を意識した研修や実践、学校との連携への努力が必要である。

参考文献

- 日本ペスタロッチー・フレーベル学会編『増補改訂版 ペスタロッチー・フレーベル事典』玉川大学出版部，2006．
- 今村光章編著『森のようちえん──自然のなかで子育てを』解放出版社，2011．
- E・ヘールヴァルト，小笠原道雄・野平慎二訳『フレーベルの晩年──死と埋葬』東信堂，2014．
- 岡部翠編『幼児のための環境教育──スウェーデンからの贈りもの「森のムッレ教室」』新評論，2007．
- 乙訓稔『西洋近代幼児教育思想史──コメニウスからフレーベル 第2版』東信堂，2010．
- 乙訓稔『西洋現代幼児教育思想史──デューイからコルチャック』東信堂，2009．
- 佐藤学監，ワタリウム美術館編『驚くべき学びの世界──レッジョ・エミリアの幼児教育』東京カレンダー，2013．
- 佐藤学・秋田喜代美監『レッジョ・エミリア市の挑戦──子どもの輝く想像力を育てる』小学館，2001．
- J・ヘンドリック編，石垣恵美子・玉置哲淳監訳『レッジョ・エミリア保育実践入門──保育者はいま、何を求められているか』北大路書房，2000．
- 広瀬俊雄『ウィーンの自由な教育──シュタイナー学校と幼稚園』勁草書房，1994．
- F・ヤフケ，高橋弘子監訳『シュタイナー幼稚園の遊びと手仕事──生きる力を育む7歳までの教育』地湧社，2009．
- R・シュタイナー，西川隆範訳『シュタイナー教育の基本要素』イザラ書房，1994．
- 山岡テイ『多文化子育て──違いを認め、大事にしたい 海外の園生活・幼児教育と日本の現状』学習研究社，2007．
- アナン・フレーベル・スクール http://www.thesmallschool.co.uk/
- North American Montessori Teachers' Association. *Montessori in Action:Learning for Life* Children's House Publication, 1998.

COLUMN 「森の幼稚園」の実施形態

　森の幼稚園の実施形態はさまざまである。デンマークの森の幼稚園では基本的に園舎が存在しない。文字通り、森が幼稚園そのものなのである。子どもたちは、雨の日も雪の日も森に出かけていく。ドイツでは園舎をもたない森の幼稚園もあるが、園舎をもっていて、毎日あるいは週に何度か森に出かけていくという園もある。「森」についても野原や里山、海や川など、自然豊かな場所という広義のとらえ方がされており、自然豊かな公園を散策することも森の幼稚園の1つとしてとらえる場合もある。

　このような森の幼稚園の実践は日本にも紹介され、現在、その理念に基づいた実践も数多くなされている。日本では「森のようちえん全国ネットワーク協会」により、ひらがな表記の「森のようちえん」が広まっている。同協会は「森のようちえん」を学校教育法による幼稚園と区別し、保育所や育児サークルなども含めた子育て・保育・乳幼児教育の総称として定義している。

（椋木香子）

第15講

生涯学習社会における教育の現状と課題

学びは子どもだけのものではない。人は生涯学び続ける存在だ。また、現代のように、変化が激しく将来を見通しにくい「知識基盤社会」においては、知識の蓄積よりも、自ら考えたり試したり考え合ったりしながら未知の問題を解決していく資質・能力が必要になってきており、生涯学び続ける必要がより大きくなってきている。

本講ではまず生涯学習の基本について学び、次に、現代の教育課題に対する国の政策動向について見ていく。そのうえで、これからの幼児教育・保育の質向上のあり方について考えていく。

Step 1

1. 生涯学習概念の展開

　ここでは、生涯学習という概念について学ぶ。この考え方は、1965年、ユネスコ（UNESCO：国際連合教育科学文化機関）の成人教育推進国際委員会において、ラングラン（Lengrand, P.）が、「生涯にわたって統合された教育」（lifelong integrated education）を提唱したことによって登場した。ここでいう「統合」とは、垂直的統合と水平的統合を表す。垂直的統合とは、生涯にわたって人生のさまざまな段階で学んでいくこと、水平的統合とは、いつでもさまざまな学びの場が用意されているということである。ラングランは、「生涯にわたって統合された教育」という言葉で、人が、いつでも、どこでも学べるという環境づくりをめざしたのであった。

　ユネスコから1972年に「フォール報告」と呼ばれる「Learning to Be（未来の学習）」が発表され、「知ることを学ぶ（learning to know）」「なすことを学ぶ（learning to do）」「人として生きることを学ぶ（learning to be）」という生涯学習の3本の柱が示された。学習を、知識をつめ込むものとして狭くとらえるのではなく、知ること自体の必要性や意義や喜び、生活や仕事に活きる学び、そして人生をよりよい、実りあるものへといざなう学びという3つの観点から、生き方と重なるものとして方向づけられた。これは学齢期にだけ学校で学ぶという教育の概念からの大きな転回であった。

　また、経済や情報通信がグローバル化し、民族、文化、宗教、性別等の従来の枠を越えた出会いやかかわりが広がるなかで、社会のあり方として、単一文化への統合をめざすものから、多様性（diversity）を前提として多文化が共生する社会をめざすものへと大きく変化した。こうした潮流のなかで、1996年の「ドロール報告」と呼ばれる「Learning: The Treasure Within（学習――秘められた宝）」は、フォール報告の3本の柱に加えて、「共に生きることを学ぶ（learning to live together）」を示している。

　また、OECD（経済協力開発機構）は1996年、「Lifelong Learning for All（すべての人々のための生涯学習）」を示した。ここでは現代社会が、モノを基盤とした社会から、情報化とそのグローバル化の流れのなかで知（knowledge）を身につけたり、協同的なネットワークのなかでやりとりしたりすることで課題を解決していくような、知識を基盤とする社会「知識基盤社会（knowledge-based society）」へ転回してきていることを前提としている。知識基盤社会においては、第1に、個々人がより学習を通じて成長すること（personal development）、第2に、国や社会

階層によって学習へのアクセスに格差があるなかで、学習機会の均等化への方策を通じて、社会的なまとまりを導くこと（social cohesion）、第3にそれらを通じて社会を健全に維持していくための経済的成長をめざすこと（economic growth）が大切なこととして謳われている。

2. 生涯学習に関する基礎理論

ハッチンスの学習社会論

ハッチンス（Hutchins, R. M.）は、1968年に著した『The Learning Society（学習社会）』のなかで、成人の教育の目的を、人間的になることとして、すべての制度をその実現のために方向づけるように価値の転換に成功した社会を「学習社会」と呼んだ。学習社会論のポイントは、第1に、教育を子どもだけのものでなく、大人にも必要なものとして見直す視点を提供していることである。第2に、教育の目的を地位やお金といった功利的なものでなく、人が生涯を通じて人間的な存在になることという、生きることの意味を追求することとしてとらえている点である。そして第3に、それらが社会のなかで、また制度として保障されることをめざしているという点である。

エリクソンのライフサイクル論

大人を含むすべての人々に学習を提供するという生涯学習の概念には、人間の発達についての見方の大きな転換が影響している。エリクソン（Erikson, E. H.）は、人間の生涯を「ライフサイクル」という考え方でとらえることを提唱した。成人後に身体は衰えていく一方であるとしても、人間は生涯の各段階のさまざまな発達課題に向き合いながら、その過程で成長し、発達していくものと考えられている。

ノールズの成人教育論（アンドラゴジー）

ノールズ（Knowles, M. S.）は、子どもに対する教育学であるペダゴジー（pedagogy）に対して、成人の学習を支援する教育学としてアンドラゴジー（andragogy）という造語で成人教育学を提唱した。

成人教育の特徴は、第1に、自己主導的学習（self-directed learning）が重視されるという点である。成人は学校に行く義務がないので、成人が学習に取りかかる動機は、基本的に、個人の自発的な興味・関心や必要に基づくものである。また、

どのような内容を選び、どのような方法によって、どのような過程を通じて、どのような成果を見いだしていくかについて、自分で自由に、自律的に選択・決定しながら進めていくことが原則になる。第2に、意識変容の学習（transformative learning）が重視される。子どもと違って、成人はそれまでの教育や経験からすでに知識を得ている。したがって、成人が学ぶ場合、すでに形づくられている意識を変えていくという性質をもつことになる。子どもの学習が新たな知識を積み重ねていくという性質が強いのに比べて、成人の学習はクラントン（Cranton, P.）が「省察（reflection）」といっているように、それまで得てきた知識や自己を振り返ることによって意識を変容させていくという性質がより強いといえる。

3. 日本における生涯学習

生涯学習の概念

教育基本法第3条では、生涯学習の理念として「国民一人一人が、自己の人格を磨き、豊かな人生を送ることができるよう、その生涯にわたって、あらゆる機会に、あらゆる場所において学習することができ、その成果を適切に生かすことのできる社会の実現が図られなければならない」と規定している。「生涯学習の理念」（第3条）は「教育の目的」（第1条）、「教育の目標」（第2条）に続いて規定されており、日本の教育制度の基本的な理念として示されている。国民が豊かな人生を送るための学習の機会がいつでもどこでも保障されるような、また学習のしがいがあるような社会の実現がめざされているのである。

日本の教育政策に「生涯学習」が登場するのは、1981（昭和56）年の中央教育審議会答申「生涯学習について」である。そこでは、「今日、変化の激しい社会にあって、人々は、自己の充実・啓発や生活の向上のため、適切かつ豊かな学習の機会を求めている。これらの学習は、各人が自発的意思に基づいて行うことを基本とするものであり、必要に応じ、自己に適した手段・方法は、これを自ら選んで、生涯を通じて行うものである。その意味では、これを生涯学習と呼ぶのがふさわしい」と述べられており、「生涯学習」が初めて公式に示された。

生涯学習と社会教育

教育は、場によって学校教育（学校）・家庭教育（家庭）・社会教育（地域社会）に分けられる。生涯学習はこれらを統合する概念であるということができる。ここ

Step 1

では生涯学習と社会教育、学校教育とのかかわりをみてみよう。

社会教育法第2条によると、「社会教育」は、「学校教育法又は就学前の子どもに関する教育、保育等の総合的な提供の推進に関する法律に基づき、学校の教育課程として行われる教育活動を除き、主として青少年及び成人に対して行われる組織的な教育活動（体育及びレクリエーションの活動を含む。）」とされている。

また第3条では、「国及び地方公共団体の任務」として、次の3項が示されている。第1に、「社会教育の奨励に必要な施設の設置及び運営、集会の開催、資料の作製、頒布その他の方法により、すべての国民があらゆる機会、あらゆる場所を利用して、自ら実際生活に即する文化的教養を高め得るような環境を醸成するように努めなければならない」と規定し、国民が学習する環境を整備する任務を示している。第2に、「国民の学習に対する多様な需要を踏まえ、これに適切に対応するために必要な学習の機会の提供及びその奨励を行うことにより、生涯学習の振興に寄与することとなるよう努めるものとする」と規定し、国民の学習ニーズに応じた学習機会の提供とその奨励を行う任務を示している。第3に、「社会教育が学校教育及び家庭教育との密接な関連性を有することにかんがみ、学校教育との連携の確保に努め、及び家庭教育の向上に資することとなるよう必要な配慮をするとともに、学校、家庭及び地域住民その他の関係者相互間の連携及び協力の促進に資することとなるよう努めるものとする」と規定し、学校教育や家庭教育との連携・協力を進める任務を示している。

生涯学習と学校教育

人が生涯学び続けるということであれば、学校は、学び続けていくための基盤としての自ら学ぶ力を身につけていく、つまり学び方を学ぶ場であるという意味づけの方が大きくなってくる。とりわけ、知識基盤社会の発展により、特にイノベーション（革新）を要する分野では、勤務年数よりも知識こそが有用な資源として重視されるようになり、知識を洗練するというニーズから、専門的な学びが生涯学習の重要な分野として展開されつつある。学校教育は、初等・中等教育においては学び方を学ぶ場となってきたが、大学等の高等教育においては、成人にも学びを提供していく場となってきており、学校は、学びの場であるとともに、学び直しの場としての機能を拡充していくと考えられる。

Step2

1. これからの教育政策の方向性——教育振興基本計画

　2006（平成18）年に改正された教育基本法では、第17条（教育振興基本計画）に「政府は、教育の振興に関する施策の総合的かつ計画的な推進を図るため、教育の振興に関する施策についての基本的な方針及び講ずべき施策その他必要な事項について、基本的な計画を定め、これを国会に報告するとともに、公表しなければならない」と規定された。これに基づいて、2008（平成20）～2012（平成24）年度の5年間を第1期とする教育振興基本計画が策定され、2013（平成25）～2017（平成29）年度の第2期教育振興基本計画を経て、2018（平成30）年6月15日、2018（平成30）～2022年度にわたる第3期教育振興基本計画が閣議決定された。なお同法第17条第2項では「地方公共団体は、前項の計画を参酌し、その地域の実情に応じ、当該地方公共団体における教育の振興のための施策に関する基本的な計画を定めるよう努めなければならない」とされており、各自治体でも国の計画をふまえて経過を策定することが求められている。

2. 第3期教育振興基本計画の概要

　ここでは、第3期教育振興基本計画を概観して、これからの教育政策の方向性について考えてみよう。

教育をめぐる現状と課題

　まず、これまでの国の取り組みの成果として、初等中等教育段階において世界トップレベルの学力を維持していること、家庭の経済状態にかかわらず高等教育が受けられるよう給付型奨学金制度や所得連動返還型奨学金制度を創設したこと、学校施設の耐震化を進めたことなどがあげられている。そのうえで、人口減少・高齢化、技術革新、グローバル化、子どもの貧困、地域間格差等といった「社会状況の変化」、子どもや若者の学習・生活面の課題、地域や家庭の状況変化、教師の負担、高等教育の質保証等「教育をめぐる状況変化」、さらにOECDによる教育政策レビュー等「教育をめぐる国際的な政策の動向」から検討がなされている。

2030年以降の社会を展望した教育政策の重点事項

　第3期教育振興基本計画では、第2期教育振興基本計画がめざした「自立」、「協働」、「創造」を継承している。そして、「個人と社会の目指すべき姿」が示されて

おり、個人は「自立した人間として、主体的に判断し、多様な人々と協働しながら新たな価値を創造する人材を育成していく」、社会は「一人一人が活躍し、豊かで安心して暮らせる社会の実現」、「社会（地域・国・世界）の持続的な成長・発展」をめざすとされている。また「教育政策の重点事項」としては、超スマート社会（別称：Society5.0。内閣府によると「サイバー空間（仮想空間）とフィジカル空間（現実空間）を高度に融合させたシステムにより、経済発展と社会的課題の解決を両立する、人間中心の社会」と定義されている）の実現に向けた技術革新が進展するなかで「人生100年時代」を豊かに生きていくために「人づくり革命」、「生産性革命」の一環として、若年期の教育、生涯にわたる学習や能力向上が必要であるとされている。また、教育を通じて生涯にわたる一人一人の「可能性」と「チャンス」を最大化することを今後の教育政策の中心にすえて取り組むとされている。

今後の教育政策に関する基本的な方針

以上をふまえて、今後の教育政策に関する基本的な方針は次の5点にまとめられている。第一に、「夢と志を持ち、可能性に挑戦するために必要となる力を育成する」、第二に、「社会の持続的な発展を牽引するための多様な力を育成する」、第三に、「生涯学び、活躍できる環境を整える」、第四に、「誰もが社会の担い手となるための学びのセーフティネットを構築する」、第五に、「教育政策推進のための基盤を整備する」としている。

今後の教育政策の遂行にあたって特に留意すべき視点

今後の教育政策の遂行にあたって特に留意すべき視点としては、第一に、「客観的な根拠を重視した教育政策の推進」、第二に、「教育投資のあり方」、第三に、「新時代の到来を見据えた次世代の教育の創造」があげられている。

「客観的な根拠を重視した教育政策の推進」では、教育政策において、企画・立案段階、実施段階、評価・改善段階をふんで、つまりPDCAサイクルを確立して、十分に機能させることを求めている。さらに、多くの先進国がそうしてきているように、客観的な根拠に基づく政策立案EBPM（Evidence-Based Policy Making）を推進する体制を文部科学省に構築し、多様な分野の研究者との連携を強化すること、データの一元化とその提供体制等の改革を推進することがあげられている。

「教育投資の在り方」では、第一に、人材への投資の抜本的な拡充を行い、教育費負担を軽減することとしている。第二に、各教育段階における教育の質の向上のために教育投資を確保することとしており、学校の指導体制や環境の整備や、学校

施設の安全性確保、大学改革等に投資することとしている。第三に、OECD加盟国など諸外国における教育投資の状況を参考にして必要な予算措置を行い、必要な教育投資を確保することとしている。日本はOECD加盟諸国に比べて、小学校から高等学校までの公的な教育投資は高い水準にあるが、就学前教育と高等教育で低く、そのため私費負担が高い。こうした状況を改善して教育の機会均等をさらに進めることを目指しているのである。こうした財政支出は当然税金から拠出されるので、広く国民の理解を醸成していく必要があり、そのため客観的な根拠（エビデンス）に基づくPDCAサイクルを徹底することがあげられている。

「新時代の到来を見据えた次世代の教育の創造」では、第一に、超スマート社会（Society5.0）の実現など、社会構造の急速な変革が見込まれるなか、次世代の学校のあり方など未来志向の研究開発を不断に推進すること、第二に、人口減少・高齢化などの地域課題の解決に向けて、「持続可能な社会システム」の構築に向けた新たな政策を展開すること、第三に、次世代の教育の創造に向けた研究開発と先導的な取り組みを推進することがあげられている。

3. 教育政策の目標と施策

第3期教育振興基本計画は、PDCAサイクルによる検証や評価を行い、具体的な改善を進めるために、「第2部　今後5年間の教育政策の目標と施策群」として、前述の「基本的な方針」の5つそれぞれに数項目ずつ、合計21項目にのぼる「教育政策の目標」を掲げ、目標が達成されたかを検証するための「測定指標・参考指標」を例示し、さらに「施策群」として実際にどのような施策を進めていくかについて例示している。内容の詳細は**図表15-1**を参照されたい。

図表15-1　今後5年間の教育政策の目標と施策群

第1部で示した5つの基本的な方針ごとに、
①教育政策の目標
②目標の進捗状況を把握するための測定指標及び参考指標
③目標を実現するために必要となる施策群　を整理

基本的な方針 → 教育政策の目標 → 測定指標・参考指標 → 施策群

基本的な方針	教育政策の目標	測定指標・参考指標（例）	施策群（例）
1　夢と志を持ち、可能性に挑戦するために必要となる力を育成する	(1)確かな学力の育成＜主として初等中等教育段階＞ (2)豊かな心の育成＜　〃　＞ (3)健やかな体の育成＜　〃　＞ (4)問題発見・解決能力の修得＜主として高等教育段階＞ (5)社会的・職業的自立に向けた能力・態度の育成＜生涯の各段階＞ (6)家庭・地域の教育力の向上、学校との連携・協働の推進＜　〃　＞	○知識・技能、思考力・判断力・表現力等、学びに向かう力・人間性等の資質・能力の調和がとれた個人を育成し、OECDのPISA調査等の各種国際調査を通じて世界トップレベルを維持 ○自分にはよいところがあると思う児童生徒の割合の改善 ○いじめの認知件数に占める、いじめの解消しているものの割合の改善　など	○新学習指導要領の着実な実施等 ○子供たちの自己肯定感・自己有用感の育成 ○いじめ等への対応の徹底、人権教育　など
2　社会の持続的な発展を牽引するための多様な力を育成する	(7)グローバルに活躍する人材の育成 (8)大学院教育の改革等を通じたイノベーションを牽引する人材の育成 (9)スポーツ・文化等多様な分野の人材の育成	○外国人留学生数30万人を引き続き目指していくとともに、外国人留学生の日本国内での就職率を5割とする ○修士課程修了者の博士課程への進学率の増加　など	○日本人生徒・学生の海外留学支援 ○大学院教育改革の推進　など
3　生涯学び、活躍できる環境を整える	(10)人生100年時代を見据えた生涯学習の推進 (11)人々の暮らしの向上と社会の持続的発展のための学びの推進 (12)職業に必要な知識やスキルを生涯を通じて身に付けるための社会人の学び直しの推進 (13)障害者の生涯学習の推進	○これまでの学習を通じて身に付けた知識・技能や経験を地域や社会での活動に生かしている者の割合の向上 ○大学・専門学校等での社会人受講者数を100万人にする　など	○新しい地域づくりに向けた社会教育の振興方策の検討 ○社会人が働きながら学べる環境の整備　など
4　誰もが社会の担い手となるための学びのセーフティネットを構築する	(14)家庭の経済状況や地理的条件への対応 (15)多様なニーズに対応した教育機会の提供	○生活保護世帯に属する子供、ひとり親家庭の子供、児童養護施設の子供の高等学校等進学率、大学等進学率の改善　など	○教育へのアクセスの向上、教育費負担の軽減に向けた経済的支援　など
5　教育政策推進のための基盤を整備する	(16)新しい時代の教育に向けた持続可能な学校指導体制の整備等 (17)ICT利活用のための基盤の整備 (18)安全・安心で質の高い教育研究環境の整備 (19)児童生徒等の安全の確保 (20)教育研究の基盤強化に向けた高等教育のシステム改革 (21)日本型教育の海外展開と我が国の教育の国際化	○小中学校の教諭の1週間当たりの学内総勤務時間の短縮 ○学習者用コンピュータを3クラスに1クラス分程度整備 ○緊急的に老朽化対策が必要な公立小中学校施設の未改修面積の計画的な縮減 ○私立学校の耐震化等の推進（早期の耐震化、天井等落下防止対策の完了） ○学校管理下における障害や重度の負傷を伴う事故等の発生件数の改善　など	○教職員指導体制・指導環境の整備 ○学校のICT環境整備の促進 ○安全・安心で質の高い学校施設等の整備の推進 ○学校安全の推進　など

資料：閣議決定「第3期教育振興基本計画（概要）」（平成30年6月15日）, p.2, 2018

Step 3

1. 幼児教育の質の向上

　Step 3 では、生涯学習の基盤となる幼児教育・保育の質向上に関する検討課題を概観し、読者が考える材料として提示しておきたい。

　幼児教育においては、2018（平成30）年、文部科学省において、幼児教育の質の向上のために「幼児教育の実践の質向上に関する検討会」を設置して議論を進めている。ここでは、その検討過程で示された諸課題について、これからの質の高い幼児教育のあり方を考えるポイントとして見ていきたい。特に、第5回（2018（平成30）年8月30日）において資料として示された「これまで（第1～4回）のおもな意見の整理（案）」の内容を紹介していく。

　構成は、第一に、「幼稚園教諭等の保育の専門性向上に関する取組」、第二に、「幼稚園等の運営の改善・発展を図る取組」、第三に、「地域の幼児教育の質向上のための地方公共団体の推進体制を構築・活用する取組」、第四に、「家庭・地域への幼児教育理解の普及を図る取組」、第五に、「その他（中・長期的な課題）」となっている。

　「幼稚園教諭等の保育の専門性向上に関する取組」については、①研修の改善、②幼稚園教諭の上級免許状の取得促進、③職員のキャリアプランニングがあげられている。

　「幼稚園等の運営の改善・発展を図る取組」については、①公開保育や学校評価などを通じた園運営の改善・発展、②幼小接続の推進があげられる。「地域の幼児教育の質向上のための地方公共団体の推進体制を構築・活用する取組」については、①行政体制の整備、②幼児教育アドバイザーの活用、③域内全体の質向上のための方針等があげられる。「家庭・地域への幼児教育理解の普及を図る取組」については、特に項目が分けられていないが、保護者が保育者との協働的な関係性の中で、幼児理解を進めていく方策が求められている。「その他（中・長期的な課題）」においては、①幼児教育現場における先端技術の活用があげられている。

2. 保育の質の向上

　保育所等における保育においては、2018（平成30）年、厚生労働省において、保育の質の向上のために「保育所等における保育の質の確保・向上に関する検討会」を設置して議論を進めている。ここでは、その検討過程で整理された論点について、これからの質の高い保育のあり方を考えるポイントとして見ていきたい。特に、第6回（2018（平成30）年9月26日）において示された「中間的な論点の整理（案）」

の内容を紹介していく。

まず、「1．今後の検討に当たっての『基本的な視点』」として、保育の質を検討する際には子どもを中心に置き、保育所保育指針をふまえた保育実践の充実への取り組みを日常的に行うことが重要視されている。さらに、多様な関係者の保育への参画や連携・協働、また保育への理解を共有することも必要とされている。そして、「2．現時点で考えられる『検討の方向性』」（具体的な検討事項）では、まず総論的事項として、保育現場、地域、国が連動して全体として機能するための、「質の高い保育」とはどのようなものかなど保育の質に関する基本的な考え方や、具体的な捉え方・示し方等について検討することが求められている。続いて個別的事項として、①保育の現場における保育実践、②保護者や地域住民等との関係、③自治体や地域の関係機関との関係があげられている。これらをふまえて「3．今後の検討の進め方」として、調査研究や実務的な検討、更なる議論が求められている。より詳細には**図表15-2**を参照されたい。

大きな公財政支出をともなう幼児教育の無償化が進められるなか、幼稚園、保育所、認定こども園の保育の質が本格的に問われる時代となってきているといえる。

図表15-2　中間的な論点の整理【概要】

（保育所等における保育の質の確保・向上に関する検討会）　2018（平成30）年9月26日

1．今後の検討に当たっての「基本的な視点」

○保育の質の検討に当たっては、「子ども」を中心に考えることが最も基本。それを前提として、様々な保育の現場において、職員全員の参画の下、子どもの思いや願いを受け止め、子ども一人一人の発達過程に応じて、保育所保育指針に基づく保育実践（※）の充実に向けた取組が日常的に行われることが重要。（※環境を通した保育、養護と教育の一体性、健康・安全の確保等）
○また、保育の質の確保・向上には、保育をめぐる多様な関係者の参画や連携・協働、保育に関する理解の共有も必要。

2．現時点で考えられる「検討の方向性」（具体的な検討事項）

(1) 総論的事項
○保育現場・地域・国といった様々な主体による取組が連動し、全体として機能するための保育の質に関する基本的な考え方や、具体的な捉え方・示し方等（※我が国の文化・社会的背景の下での保育所保育の特性を踏まえた「「質の高い保育」とは、どのようなものか」といった、保育の各現場の創意工夫ある保育実践に際し念頭に置く方向性）

(2) 個別的事項

① 保育の現場における保育実践		② 保護者や地域住民等との関係	③ 自治体や地域機関との関係
（職員間の対話を通じた理念共有） ○各保育所等における保育の理念の明確化・園全体での共有 ○子どもや保育に関する職員間の対話が促される環境の構築 （保育の振り返りを通じた質の向上） ○改定指針を踏まえた「保育所における自己評価ガイドライン」の見直し ・評価結果の公表や活用　等	（保育の環境や業務運営改善） ○安全快適性と保育充実に資する環境（人・物・空間・時間）工夫 ○質向上や保育士等の業務負担軽減に資する業務運営 （保育士等の資質・専門性向上） ○各種研修の質的充実 ○多様な経歴の初任保育士支援 ○園長等のマネジメント能力向上	（保育実践の内容の「見える化」） ○保護者や地域住民等のニーズを踏まえた保育実践の「見える化」 ・保育の評価や取組の情報公表 ・日常保育に係る交流機会　等 （保護者や地域住民等の関与） ○保育所等における保育実践や質向上の取組への関与促進 ・関係者との交流機会の充実　等	（保育所と自治体等との連携協働） ○自治体や関係機関との連携方策 ・保育所、幼稚園、認定こども園、小学校、養成施設等との連携 ・地域のネットワークづくり　等 （自治体の役割充実や連携促進） ○保育実践に係る相談・助言 ○指導監査の効果的・効率的実施 ○自治体間の効果的・効率的連携

3．今後の検討の進め方

○今般整理した具体的な検討事項について、その内容を踏まえ、適宜、実態調査や調査研究を行いつつ、検討会の下に作業チームを設置し、実務的な検討や作業を行う。
○その上で、検討会において、作業チームにおける検討状況等を踏まえ、保育の質に関連する様々な動向や取組の実施状況等に留意しつつ、引き続き多角的な観点から、更に議論を深める。

資料：保育所等における保育の質の確保・向上に関する検討会（平成30年9月26日）「中間的な論点の整理（概要）」厚生労働省、2018.

参考文献

- 新井郁夫『現代のエスプリ 146 ラーニング・ソサエティ——明日の学習をめざして』至文堂, 1979.
- E・H・エリクソン・J・M・エリクソン, 村瀬孝雄・近藤邦夫訳『ライフサイクル、その完結 増補版』みすず書房, 2001.
- M・S・ノールズ, 堀薫夫・三輪建二監訳『成人教育の現代的実践——ペダゴジーからアンドラゴジーへ』鳳書房, 2002.
- P・クラントン, 入江直子・豊田千代子・三輪建二監訳『おとなの学びを拓く——自己決定と意識変容をめざして』鳳書房, 1999.

索 引

あ〜お

愛着（アタッチメント） 34
アカデミア 110
アカデメイア 110
足利学校 86
遊び 10,28,150
アタッチメント（愛着） 26
アプローチカリキュラム 45
アヘン戦争 87
アリエス, P. 100
アリストテレス 102
『アンシアン・レジーム期の子供と家族生活』 100
andragogy 10
アンドラゴジー 171
アントロポゾフィー 164
ESD 143
家制度 98
『イギリスにおける労働者階級の状態』 75
イクメン 94
イタール, J. M. G. 83
一条校 125
1.57ショック 42
一斉保育 152
『一般教育学』 103
意図的人間形成 22
異年齢保育 153
移民 140
インクルーシブ教育 166
ヴィゴツキー, L. S. 162
ヴィルヘルム2世 78
ウェストファリア条約 63,78
ヴォランタリズム 81
乳母 101
エコール・ポリテクニク 76
エトニ 74
『エミール』 21,65,102
エラスムス, D. 111
エリート教育 80
エリクソン, E. H. 171
エレン・ケイ 104,106

エンゲルス, F. 75
エンゼルプラン 42,94
及川平治 106
王政復古 88
OECD 134,141,170
被仰出書 21
大人の教育学 10
オルタナティヴ教育 164
オンブズパーソン 107,140
恩物 67,68,158

か〜こ

カール, F. 67
核家族化 54
格差社会 107
学習指導要領 47
『学習社会』 171
学習の芽生え 46
学制 21,112
学童疎開 107
『学問のすすめ』 88
可塑性 6
価値感受性 16
価値受容能力 16
学校運営協議会 130
学校教育 114
学校教育法 11,122,125
…第1条〔学校の範囲〕 17,125
…第21条〔義務教育の目標〕 17
…第22条〔幼稚園の目的〕 18,23
…第23条〔幼稚園の目標〕 18
…第29条〔小学校の目的〕 17,23
…第30条〔小学校における教育〕 17
…第45条〔中学校の目的〕 23
…第50条〔高等学校の目的〕 23
…第72条〔特別支援学校の目的〕 23
…第83条〔大学の目的〕 23
学校教育法施行規則 122,127
学校教育法施行令 122,126
学校経営 128
学校選択制 130
『学校と社会』 105
学校評価 128
学校評価ガイドライン 128
活動主義 106
家庭教育 50,114
カテキズム 79
カリキュラム 146
感覚教具 160

環境 148,150
環境閾値説 9
環境教育 164
環境を通して行う教育 27
環境を通しての保育 150
カンファレンス 155
機械的人間観 71
基礎教育法 81
城戸幡太郎 92
木下竹次 106
規範意識 47
義務教育 16,112,116,124
…の開始年齢 140
…の無償化 114
…の無償性 124
義務教育諸学校の教科用図書の無償措置に関する法律 117
義務制の普通教育 16
旧制高校 89
旧中間層 106
給付型奨学金制度 174
教育 2,4,11
…の機会均等 116,124
…の権利 116
教育委員会 116
教育学 10
教育学教授 65,79
教育格差 118
教育課程 146
教育基本法 16,21,38,122,123
…第1条（教育の目的） 14,17
…第2条（教育の目標） 14,123
…第3条（生涯学習の理念） 172
…第5条（義務教育） 17
…第10条（家庭教育） 50
…第13条（学校、家庭及び地域住民等の相互の連携協力） 57
…第17条（教育振興基本計画） 174
…の概要 123
教育基本法（旧法） 15
教育原理 3
教育政策 176,177
教育制度（アメリカ） 134
教育制度（イギリス） 134
教育制度（韓国） 138
教育制度（中国） 138
教育制度（ドイツ） 136
教育制度（フィンランド） 136
教育制度（フランス） 136
教育勅語 88,89

181

『教育に関する考察』	102	
教育ニ関スル勅語	21,88	
教育目的	14,15	
教育目標	14	
教育令	113	
教員	124	
教科カリキュラム	146	
教科書	117	
協同性	47	
協同的な学び	47	
教理問答	79	
キリスト教知識普及協会	81	
ギルド	79	
『金枝篇』	76	
キンダーガルテン	66	
近代	63	
近代教育学の父	111	
クインティリアヌス	110	
倉橋惣三	69,90	
クラントン，P.	172	
グリム兄弟	101	
『グリム童話集』	101	
軍国主義	107	
経験カリキュラム	146	
経済協力開発機構	134,141,170	
形式陶冶	5	
形而上学	71	
形成	8	
ゲーテ，J. W.	62	
健康	148	
顕在的カリキュラム	147	
公教育制度	112	
合計特殊出生率	94	
孔子	86	
高等学校	89	
高等教育	114	
高等女学校	89	
高等中学校	89	
高度経済成長	54	
コーナー保育	153	
刻印づけ	9	
国民学校	21,107	
言葉	148	
子どもオンブズマン	107,140	
子ども家庭福祉	40	
子ども・子育て応援プラン	42,46,94	
子ども・子育て会議	58	
子ども・子育て関連3法	42	
子ども・子育て支援新制度	43	
子ども・子育て支援法	42	
子ども・子育てビジョン	42	
子どもの家	160	
『子どもの家における幼児に適用された科学的教育の方法』	161	
子どもの教育学	10	
子どもの最善の利益	41	
子どもの発見	64	
『子供の遊戯』	100	
コミュニティ・スクール	130	
コミュニティとしての保育所	55	
コメニウス，J. A.	20,62,111	
コモン・スクール	112	
5領域	11,31,32,148	
コレージュ	77	
コンドルセ，N.	84,103,112

さ〜そ

西郷隆盛	88
作業（work）	160
澤柳政太郎	107
産後ケア事業	59
三十年戦争	63
産前産後サポート事業	59
J・S・ミル	104
ジェンセン，A. R.	9
私学助成	117
自学輔導	106
識字率	87
資源	52
思考力・判断力・表現力等の基礎	30
資質・能力	30
自然的環境	8
自然のなかでの教育	164
持続可能な開発のための教育	143
実質陶冶	5
シティ・アズ・ア・クラスルーム	56
児童家庭支援センター	38
児童憲章	107
児童厚生施設	38
指導主事	116
児童自立支援施設	38
児童心理治療施設	38
児童の権利に関する条約	41,107,117
『児童の世紀』	104
児童発達支援センター	38
児童福祉	40
児童福祉施設	38
児童福祉法	38
…第1条〔児童福祉の理念〕	38
…第39条〔保育所〕	19,39
児童養護施設	38
自発保育	91
『資本論』	75
社会教育	114,172
社会教育法第3条（国及び地方公共団体の任務）	173
社会教育法第2条（社会教育の定義）	172
『社会契約論』	64
社会情動的スキル	35
社会中心主義保育	93
社会適応力	7
社会的環境	9
就学前の子どもに関する教育、保育等の総合的な提供の推進に関する法律	19,42
就学前の子どもに関する教育、保育等の総合的な提供の推進に関する法律第2条	19
就学率	89,114
宗教改革	78
宗教戦争	78
修辞学	110
自由七学科	110
就巣性	6
集団づくり	151
集団のなかで育つ	151
集団保育	152
10の姿	149
自由保育	152
自由民権運動	88
『自由論』	104
儒学	86
朱子学	86
シュタイナー，R.	164
シュタイナー幼稚園	164
シュプランガー，E.	16
小1プロブレム	44
頌栄幼稚園	159
生涯学習	170,172
…の理念	172
生涯学習社会	10
生涯教育	112
障害児入所施設	38
生涯にわたって統合された教育	170
小学校学習指導要領	122
小学校令	113
少子化	94
少子化社会対策大綱	42
荘司雅子	69

昌平坂学問所	99
諸外国の教育統計	134
助教法学校	81
助産施設	38
ジョゼフ・ペイン, J.	79
初等教育	114
所得連動返還型奨学金制度	174
新エンゼルプラン	42,94
新教育	106
心情・意欲・態度	35
尋常小学校	114
尋常中学校	89
人智学	164
新中間層	106
スタートカリキュラム	45
スピノザ, B.	103
刷り込み	9
性格形成学院	82
生活づくり	149
省察	172
成人教育	171
生態学的システム	51
西南の役	88
生理的早産	6
世界教育フォーラム	142
『世界図絵』	62
セガン, É.	83
セシル・レディ	104
接続期	45
設定保育	152
専業主婦	94
潜在的カリキュラム	147
全体的な計画	146
ソクラテス	110
Society5.0	175
素質	8
孫子	86

た～と

第1次世界大戦	78
第1期教育振興基本計画	174
第1種社会福祉事業	38
『大教授学』	20,63
第3期教育振興基本計画	174
大正新教育運動	106
第2期教育振興基本計画	174
第2次世界大戦	78
第2種社会福祉事業	38
ダカール行動枠組み	142

託児所	11
谷本富	106
多文化	140
多様性	166
探索活動	26
探索行動	26
男女雇用機会均等法	94
担当制	34
単独相続	98
地域子育て支援拠点（地域子育て支援センターなど）	41
地域資源	52,56
『痴愚神礼賛』	111
知識及び技能の基礎	30
知識基盤社会	170
地方教育行政の組織及び運営に関する法律	130
地方版子ども・子育て会議	58
中等教育	114
超スマート社会	175
朝鮮戦争	107
直接経験	151
通学区域	130
ツンフト	79
帝国大学	89
ディドロ, D.	75
DeSeCo プロジェクト	141
手習い	87
手習塾	87
デューイ, J.	91,105,106,162
デュリュイ, V.	77
寺子屋	87,112
東京女子師範学校附属幼稚園	10,90,158
統合教育	166
道徳	47
道徳性の芽生え	47
ドキュメンテーション	162
トクヴィル, A.	104
トマス・アクィナス	102
トマス・モア	65
ドルトン・プラン	56
ドロール報告	170

な～の

ナポレオン	76
『21世紀の資本』	107
日米安保条約	94
日米和親条約	87
日本国憲法	94,122

…第19条	122
…第23条	122
…第25条	38
…第26条	16,122
…第89条	123
日本の教育制度	115
日本保育学会	91
乳児院	38
人間関係	148
『人間精神進歩史素描』	103
『人間の教育』	103,158
認定こども園	19
認定こども園法	42,43
ネイション	74
ネウボラ	58
ノールズ, M. S.	171

は～ほ

パーカースト, H.	56
ハウ, A. L.	159
育みたい資質・能力	148
パスカル, B.	101
ハッチンス, R. M.	171
汎教育	112
藩校	112
ピアジェ, J.	162
PISA	134,141
PDCA サイクル	128,154,176
樋口勘次郎	106
ピケティ	107
ビスマルク	78
非認知能力	35
評価	154
表現	148
フォール報告	170
福澤諭吉	21,88
付随的人間形成	22
普通教育	16,117,126
プッシュ・ダウン教育	140
不登校	40
普仏戦争	78
プラッシーの戦い	64
プラトン	110
フランス革命	75
フリースクール	41
ブリューゲル, P.	100
ブルーナー, J. S.	162
フルクロワ, A. F.	76
フレイザー, J. G.	76

プレーパーク	59
フレーベル, F. W.	66,69,103,158
フレーベル主義	158
フレーベル・スクール	159
プロイセン	78
プロジェクト・アプローチ	162
プロテスタント	79
ブロンフェンブレンナー, U.	51
文化的環境	9
兵法	86
ペイン, J.	65
pedagogy	10
ペーターゼン, P.	92
ペスタロッチー, J. H.	21,70,158
ペダゴジー	171
ヘックマン, J.	140
ベビーブーム	94
ベラスケス, D.	108
ヘルバルト, J. F.	71,103
ペロー, C.	101
『ペロー童話集』	101
ベンサム, J.	104
『弁論家の教育』	110
保育	10,11
…の質	178
…の内容	148
保育課程	146
保育カリキュラム	146
保育教諭	44
保育記録	155
保育形態	152
保育士	39
保育者格差	119
保育所	11,18,38
保育所等における保育の質の確保・向上に関する検討会	178
保育所保育指針	19,28,34
…第1章総則	27
…第2章	30
保育要領	11
放課後子ども教室	45
放課後子ども総合プラン	45
放課後児童クラブ	45
放課後児童健全育成事業	45
冒険あそび場	59
保護者	57
母子生活支援施設	38
ポルトマン, A.	6

ま～も

マーガレット・マクミラン	82
松野クララ	90
学び	28
学びに向かう力、人間性等	30
マラグッチ, L.	56,162
マルクス, K. H.	65,75
3つの視点	31,32
民主主義体制	94
民法第820条	117
無意図的人間形成	22
明治維新	88
メトーデ	71
モニトリアル・スクール	81
森有礼	21
森の幼稚園	163,164,168
森のようちえん	168
モンテーニュ, M. E.	101
モンテスキュー, C.	102
モンテッソーリ, M.	83,160
モンテッソーリ・スクール	161
モンテッソーリ・メソッド	160

や～よ

誘導保育論	90
『ユートピア』	65
ユネスコ	170
ユネスコ憲章	142
養護	11,28,29
幼児期の終わりまでに育ってほしい姿	32,148
幼児期の教育	124
幼児教育の質	178
幼児教育の実践の質向上に関する検討会	178
『幼児教育論』	111
幼小接続	167
幼稚園	11,18,66
幼稚園教育要領	11,18,28,29,122
幼稚園教育要領第1章総則	27
幼稚園における学校評価ガイドライン	129
幼稚園の開設	90
『幼稚園保育法真諦』	91
幼保一元化	43
幼保一体化	95
幼保小の接続	44
幼保連携型認定こども園	11,38,43
幼保連携型認定こども園教育・保育要領	11,56

ら～ろ

ラーニング・ジャーニー	159
ライフサイクル論	171
ラテン語	80
ラ・ロシュフコー, F.	101
ラングラン, P.	170
リセ	76
離巣性	6
リソース	52
リベラル・アーツ	110
臨界期	9
ルソー, J. J.	21,64,75,102
ルター, M.	20,78
ルネッサンス	111
レッジョ・エミリア	57,162
ローレンツ, K.	9
ロック, J.	102
ロバート・オウエン	82
ロマン派	101

わ～ん

わこう版ネウボラ	59
童	98

新・基本保育シリーズ

【企画委員一覧】（五十音順）

◎ 委員長　○ 副委員長

相澤　仁（あいざわ・まさし）	大分大学教授、元厚生労働省児童福祉専門官
天野珠路（あまの・たまじ）	鶴見大学短期大学部教授、元厚生労働省保育指導専門官
石川昭義（いしかわ・あきよし）	仁愛大学教授
近喰晴子（こんじき・はるこ）	東京教育専門学校専任講師、秋草学園短期大学特任教授
清水益治（しみず・ますはる）	帝塚山大学教授
新保幸男（しんぽ・ゆきお）	神奈川県立保健福祉大学教授
千葉武夫（ちば・たけお）	聖和短期大学学長
寺田清美（てらだ・きよみ）	東京成徳短期大学教授
◎西村重稀（にしむら・しげき）	仁愛大学名誉教授、元厚生省保育指導専門官
○松原康雄（まつばら・やすお）	明治学院大学学長
矢藤誠慈郎（やとう・せいじろう）	岡崎女子大学教授

（2018年12月1日現在）

【編集・執筆者一覧】

編集

矢藤誠慈郎（やとう・せいじろう）	岡崎女子大学教授	
北野幸子（きたの・さちこ）	神戸大学大学院准教授	

執筆者（五十音順）

内田千春（うちだ・ちはる）	東洋大学教授	第5講
北野幸子（きたの・さちこ）	（前掲）	第10講・第11講・第12講
齊藤多江子（さいとう・たえこ）	日本体育大学准教授	第3講
菱田隆昭（ひしだ・たかあき）	和洋女子大学教授	第1講・第2講・第4講
本多みどり（ほんだ・みどり）	帝京科学大学教授	第6講・第7講・第8講・第9講
椋木香子（むくぎ・きょうこ）	宮崎大学大学院教授	第13講・第14講
矢藤誠慈郎（やとう・せいじろう）	（前掲）	第15講

教育原理
新・基本保育シリーズ②

2019年1月10日　初版発行
2025年2月1日　初版第3刷発行

監　修	公益財団法人 児童育成協会
編　集	矢藤誠慈郎・北野幸子
発行者	荘村明彦
発行所	中央法規出版株式会社
	〒110-0016 東京都台東区台東3-29-1　中央法規ビル
	Tel 03(6387)3196
	https://www.chuohoki.co.jp/
印刷・製本	株式会社アルキャスト
装　幀	甲賀友章(Magic-room Boys)
カバーイラスト	吉田幸子(社会福祉法人 富岳会)
本文デザイン	タイプフェイス
本文イラスト	小牧良次(イオジン)

定価はカバーに表示してあります。
ISBN978-4-8058-5782-3

本書のコピー、スキャン、デジタル化等の無断複製は、著作権法上での例外を除き禁じられています。また、本書を代行業者等の第三者に依頼してコピー、スキャン、デジタル化することは、たとえ個人や家庭内での利用であっても著作権法違反です。

落丁本・乱丁本はお取替えいたします。

本書の内容に関するご質問については、下記URLから「お問い合わせフォーム」にご入力いただきますようお願いいたします。
https://www.chuohoki.co.jp/contact/